EL MODELO ECONÓMICO DEL CAMBIO

C r e c i m i e n t o
Competitivo e Incluyente
y la
Reindustrialización
de México

René Villarreal

A Carolina, mi esposa

quien compartió y me apoyó en el

desarrollo del presente libro.

Con especial reconocimiento.

A mis hijos

Rodrigo y Alejandro.

A Tania, Roberto, Sofía y Diego.

A mis padres

Esther y Patricio.

CONTENIDO

VISIÓN GLOBAL

PARTE I

Modelo Económico Actual
Apertura Macroestabilizador y el Estado Minimalista

CAPITULO I
El Modelo Exportador de Manufactura de Ensamble y la Desindustrialización

CAPITULO II
El Modelo Macroestabilizador: Estabilidad sin crecimiento

CAPITULO III
El Estado Minimalista Ineficaz

CAPITULO IV
Resultados del Modelo Macroestabilizador en el empleo, los salarios y la pobreza.

PARTE II

El Nuevo Modelo Económico: Crecimiento Competitivo e Incluyente y la Reindustrialización 2030

CAPITULO V
La nueva economía global multipolar: La tercera revolución industrial en la era del conocimiento.

CAPITULO VI
El nuevo modelo de crecimiento competitivo e incluyente y sus diez pilares

1. La estrategia de crecimiento competitivo y balanceado: Demanda externa y mercado interno.

2. Reindustrialización tridimensional y la política de competitividad industrial.

3. Modelo macroeconómico bidimensional: Crecimiento con estabilidad.

4. Crecimiento pleno, sostenido y sustentable.

5. Crecimiento incluyente: Empleos productivos y salarios remunerativos.

6. El financiamiento al desarrollo: La banca comercial y la banca de desarrollo.

7. El reencuentro de un nuevo Estado IFAT con un mercado institucional y sociedad participativa.

8. La nueva estrategia de inserción a la economía global: El TLCAN II y México como un nuevo BRICS.

9. La economía política del crecimiento: instituciones políticas y económicas incluyentes.

10. Visión de futuro y proyecto de nación: México 2030.

BIBLIOGRAFÍA

VISIÓN GLOBAL

"El verdadero enemigo de la verdad no es la mentira, sino el mito..."
y el dogma, agregamos nosotros[*]

John F. Kennedy

"Se debe cambiar el modelo de desarrollo en México, en el que se tiene en el olvido a los más pobres y a los jóvenes."[**]

José Narro Robles

"México está despertando, como lo hizo en varios momentos cruciales de su historia, sobre todo aquellos que aquí hemos denominado etapas fundacionales: la independencia, la reforma, la revolución...Se perfila en el horizonte una nueva cita con la historia, que confluye en un solo sentimiento colectivo: Cambiar México." [***]

---

[*] Discurso de graduación en la Universidad de Yale, septiembre 1962.

[**] Entrevista al inicio de la Sesión de Consejo Universitario, Periódico Excelsior, 27 de agosto de 2012.

[***] Resultado de los trabajos del Foro Nacional: Participación Ciudadana en el Proyecto de Nación en Cambiar México con Participación Social, Esthela Gutiérrez Coordinadora.

El Modelo Económico del Cambio

VISIÓN GLOBAL

Es muy común escuchar a los observadores internacionales preguntarse, *¿por qué México no es uno de los países llamados BRICS[1];* cuando ya en los sesentas del siglo pasado el país fue un ejemplo de estabilidad y desarrollo, pues vivió el "milagro mexicano" del Desarrollo Estabilizador: creciendo al 7% con una inflación del 3%, con estabilidad cambiaria (tipo de cambio fijo), la industrialización como motor del crecimiento con aumento en el empleo y los salarios reales y un sistema político estable comparado con el resto de América Latina?

---

[1] Los nuevos países emergentes llamados BRICS son Brasil, Rusia, India, China y Sudáfrica. El Banco Mundial incluye a Corea del Sur e Indonesia como los nuevos BRICKS y estima que estos países representarán más del 50% del crecimiento de la economía mundial para el 2025. En este grupo de las economías emergentes más dinámicas por su crecimiento no aparece México.

Gráfica 1
LOS BRICS Y MÉXICO: Crecimiento del PIB

Fuente: Índice de Competitividad Internacional, Más allá de los BRICS, IMCO, 2011.

Lo que explica el por qué México no es parte de los BRICS, es que mientras que México no crece (primera década del 2000) China creció seis veces más, India más de cuatro, Rusia más de tres y Brasil más de dos veces (ver gráfica 1).

Por lo que respecta a la competitividad, se considera que finalmente, en una economía competitiva confluyen diferentes variables en la atracción de la inversión. Así, para el 2011 (según el informe de la UNCTAD) México captó Inversión Extranjera Directa (IED), por 19,554 millones de dólares, ocupando el lugar 17 a nivel mundial. Nuevamente, comparado con los BRICS se

El Modelo Económico del Cambio

encuentra en desventaja ya que todos ellos tuvieron una captación de IED varias veces mayor: China con 123,985 millones de dólares (mdd), más de seis veces la captación de México, ocupando el segundo lugar a nivel mundial; Brasil, en el quinto lugar, recibió 66,660 mdd, tres veces más; Rusia 52,878 mdd, más de 2.5 veces e India 35,554 mdd, casi dos veces más.

En esta perspectiva surge la pregunta, *¿por qué México no crece?,* pues en la primera década del 2000 es el país de más bajo crecimiento en América Latina, a pesar de haber tenido una renta petrolera[2] de más de 270 mil millones de dólares[3], en solo 9 años (2000-2008); una baja inflación (4%) y deuda pública tanto externa como interna (alrededor del 40% del PIB).

La razón que explica por qué México ha caído en un *estancamiento estabilizador crónico* (estabilidad sin crecimiento) no es la falta de reformas estructurales, sino de un *modelo económico agotado.*

---

[2] La renta petrolera no es el ingreso, sino la diferencia entre éste basado en los precios de venta menos los costos de extracción.

[3] Por una Reforma Integral de las Finanzas Públicas, CEESP, Agosto 2009, 10 pp.

En otras palabras, las reformas estructurales fiscal, energética y laboral afectan la eficiencia de la economía, pero no son la causa del estancamiento crónico. No obstante, dichas reformas son condición necesaria pero no suficiente para promover un crecimiento competitivo e incluyente con una reindustrialización avanzada de México; esto requiere un cambio de estrategia y modelo económico.

La causa fundamental del estancamiento económico es el agotamiento del Modelo de Apertura Macroestabilizador y de Estado Minimalista. Así, el desafío que enfrentamos los mexicanos es promover un nuevo modelo económico con crecimiento competitivo e incluyente y retomando la industrialización como el motor del crecimiento, generando empleos productivos y salarios remunerativos para la población de México. Esta es la tesis que se desarrolla en el presente libro.

La trampa al crecimiento: El Modelo de Apertura Macroestabilizador y el Estado Minimalista

El Modelo de Apertura Macroestabilizador y Estado Minimalista se caracteriza por tres componentes o columnas fundamentales:

El Modelo Económico del Cambio

- La Apertura es la estrategia de crecimiento hacia fuera vía la exportación de manufacturas, a través de una política de liberalización comercial y acuerdos de libre comercio, que ha llevado en la práctica a un modelo de manufactura de ensamble.

- El Modelo macroestabilizador basado en un modelo macroeconómico unidimensional que tiene un solo objetivo, la inflación y en donde todos los instrumentos de política (monetaria, fiscal, cambiaria y salarial) se dirigen a ese solo objetivo, generando un Modelo de Estancamiento Estabilizador, es decir estabilidad sin crecimiento.

- El Estado minimalista, que ha sido ineficaz tanto como promotor del crecimiento y de las políticas macroeconómicas contra-cíclicas, así como regulador de los monopolios y de las prácticas anti-competitivas. En el último Reporte Global de Competitividad 2011-2012 del Foro Económico Mundial, México ocupa la posición 120 (entre 142 países) en el indicador de "efectividad de la política anti-monopolio".

Visión Global

Lo que explica el estancamiento crónico de México durante los últimos 20 años, es el agotamiento del Modelo de Apertura Macroestabilizador, que se ha convertido en la verdadera trampa al crecimiento. Esta se manifiesta en tres dimensiones:

- El problema macroindustrial, producto de la estrategia de apertura y crecimiento hacia fuera, que genera un modelo exportador de manufactura de ensamble con muy baja articulación interna de las cadenas productivas y por ello un sesgo pro-importador, que se manifiesta en una alta elasticidad ingreso de importaciones, así como de la propensión marginal a importar, que es lo que reduce el multiplicador de la exportación e inversión. Así, México es el exportador mundial número uno de televisores, pero el valor agregado interno es sólo 5% y el resto es de importaciones (ver explicación más amplia en el capítulo 1).

- Paralelo al problema macroindustrial de la estrategia de apertura, es que éste se ha acompañado de un modelo macroeconómico unidimensional donde el único objetivo es la inflación (estabilidad de precios) y todos los instrumentos (política cambiaria, monetaria, fiscal y salarial) se dirigen a este solo objetivo convirtiéndose en un verdadero freno al crecimiento.

El Modelo Económico del Cambio

- La conformación de un Estado minimalista e ineficaz que limita su función promotora del crecimiento tanto por su baja capacidad de inversión pública (4.5%, de los cuales 2% corresponde a PEMEX), de inversión en ciencia y tecnología (menos de 0.4% del PIB, la más baja entre los miembros de la OCDE) como tributaria (10% del PIB, la más baja en América Latina). Asimismo, presenta baja capacidad para instrumentar políticas macroeconómicas contracíclicas y regular las prácticas monopólicas y anticompetitivas.

Por otra parte, el paradigma o modelo de pensamiento de apertura macroestabilizador, se ha convertido en un verdadero *"PARADOGMA"*, esto *es, la dogmatización de un paradigma*, que genera miopía, frena el cambio y no nos permite ver que el modelo ya se agotó y que existe un consenso nacional de que hay que cambiar el modelo de desarrollo. Así, se ha generado un modelo real de *ESTANCAMIENTO CRÓNICO, ESTABILIZADOR, ANTI-COMPETITIVO Y DE ESTADO MINIMALISTA*: la economía está estable pero no crece.

Es por ello que la tesis que se desarrolla en el presente libro es que si no se avanza a un nuevo modelo económico de apertura con crecimiento balanceado, competitivo, incluyente y con el motor de la reindustrialización de México el país no podrá salir de la trampa al crecimiento.

La estrategia de apertura: crecimiento hacia fuera vía exportaciones

La estrategia de crecimiento hacia fuera vía exportaciones llevó a un modelo de manufactura de ensamble, porque se planteó que el Tratado de Libre Comercio de América del Norte (TLCAN) y los acuerdos de libre comercio eran la nueva estrategia de competitividad de México, para enfrentar la hipercompetencia global. En consecuencia, se estableció la filosofía económica de que *"la mejor política industrial es la que no existe",* pues la competencia internacional por sí sola promovería que las empresas en México fueran más competitivas y evitaría los monopolios y/o prácticas oligopolísticas.

Sin embargo, se cometió el error de confundir el "boleto de entrada al juego de la hipercompetencia global (el TLCAN)" con la "estrategia de juego", pues el libre comercio vía TLCAN no es una estrategia. No se entendió que para enfrentar con éxito a la competencia internacional en una economía abierta, se requiere de una *política de competitividad industrial y sistémica*, que es muy diferente a la política industrial proteccionista en una economía cerrada (ver Parte II, Pilar 2).

En este contexto, el modelo de apertura vía el TLCAN que tuvo su impulso en la segunda parte de los noventa (1995-2000) se agotó. Muestra de ello es que tanto Canadá como México han sido desplazados por China como primer y segundo socios comerciales de Estados Unidos, respectivamente. Así, en el 2011 la cuota de mercado o ventaja comparativa revelada de México representó únicamente el 11.92% del mercado de importaciones de Estados Unidos, esto es el tercer lugar (ver capítulo 1).

Asimismo, la región TLCAN en su conjunto es una región perdedora, ya que en el 2000 tenía el 18.97% del mercado mundial de exportaciones y para 2010 bajó al 12.86% y cada uno de los tres países disminuyó su participación.

El modelo vía TLCAN se agotó y se requiere transitar al *TLCAN II, con un nuevo enfoque que vaya más allá de la integración comercial a la integración productiva*, a través de clusters regionales como el automotriz, que permitan que la región recupere su competitividad y liderazgo exportador.

Al mismo tiempo, es necesario diversificar el comercio hacia otros países, dado que a pesar de que México cuenta con 12 acuerdos de libre comercio con 42 países, el 80% de su comercio se concentra en el mercado de los Estados Unidos.

La desindustrialización "precoz" y la paradoja del modelo exportador de manufactura de ensamble

En las últimas décadas, México ha enfrentado un proceso de desindustrialización "precoz", donde la industria manufacturera ha dejado de ser motor de crecimiento y su participación en el PIB nacional ha disminuido al pasar de 19.8% en el 2001 a 13.5% en el 2011. Caracterizamos como "precoz" la desindustrialización de México, pues la teoría supone que en los países avanzados el sector servicios va sustituyendo a la industria manufacturera, no obstante países como Alemania, altamente industrializados, contradicen esta teoría, pues la manufactura participa con el 24% del PIB total (2012).

En este contexto, el proceso de desindustrialización en nuestro país ha sido producto de un modelo de apertura vía exportaciones con desarticulación interna de las cadenas productivas y ausencia de una política industrial activa.

Así, se presenta la paradoja de un crecimiento exportador dinámico pero con desarticulación interna de las cadenas productivas que genera una manufactura de ensamble; ésta a su vez provoca, la desindustrialización, esto es, una participación del PIB manufacturero decreciente respecto al PIB.

Gráfica 2
MÉXICO: LA PARADOJA DE LA DESINDUSTIALIZACIÓN PRECOZ Y EL MODELO DE ENSAMBLE EXPORTADOR

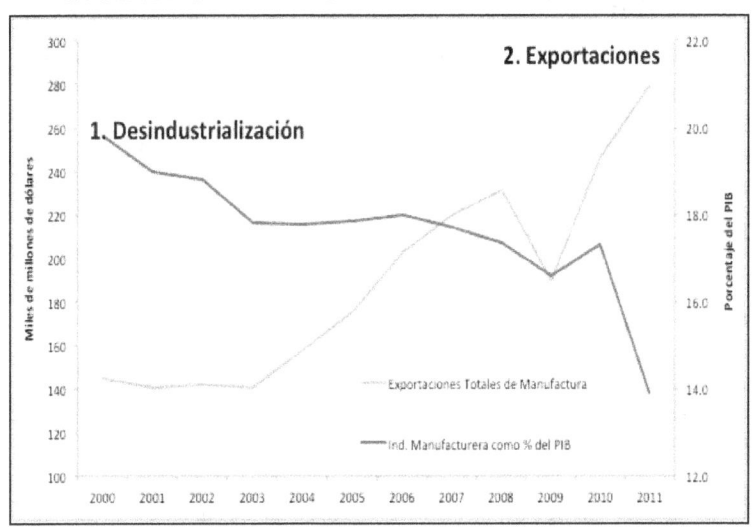

Fuente: Elaboración propia con datos de BANXICO e INEGI.

El modelo exportador de manufactura de ensamble tiene dos características principales. En primer lugar, ha mostrado una marcada desarticulación interna de las cadenas productivas y por lo tanto con el aparato productivo local, producto del "sesgo pro-importador" de un modelo de apertura con apreciación cambiaria, bajos aranceles y competencia desleal por el contrabando. En segundo lugar, no ha permitido el escalamiento a actividades productivas de mayor valor agregado, intensivas en conocimiento y alta tecnología, esto es la transición a la mentefactura.[4]

México se quedó en la manufactura de ensamble mientras que otros países en desarrollo, asiáticos principalmente, lograron un proceso de industrialización madura, donde la participación porcentual del sector industrial en el PIB, el empleo y las exportaciones totales siguen en aumento como resultado de la inversión y de la transición de producción de bienes primarios a producción de bienes intensivos en conocimientos y tecnología, esto es, han evolucionado como Corea del Sur de la manufactura a la mentefactura. Así, el Banco Mundial afirma:

---

[4] Para una explicación más amplia del término "mentefactura" ver mi libro "IFA. La Empresa Competitiva Sustentable en la Era del Capital Intelectual, McGraw Hill, 2003 y hoy publicado por Amazon.com. VILLARREAL, René y Tania.

El Modelo Económico del Cambio

"México parece no experimentar un cambio favorable en su actividad innovadora. Ello es evidencia de que México no tiene un fuerte encadenamiento de su Sistema Nacional de Innovación, al grado de que su dinámica sólo se sustenta en la ventaja temporal de los bajos costos de mano de obra, en un proceso simple de maquila, y no en el desarrollo de una base de conocimiento dirigido por la innovación que haría sustentable el crecimiento de los sectores." [5]

El efecto macroindustrial del Modelo Exportador de Manufactura de Ensamble con desindustrialización precoz

La liberalización comercial que se originó en 1984 con la entrada al GATT y se profundizó en 1994 con el TLCAN generó un proceso ineficiente con un sesgo pro-importador que elevó significativamente la elasticidad ingreso de las importaciones[6] de 1.26 en el periodo 1970-1984

---

[5] LEDERMAN Daniel, "Lecciones del Tratado de libre Comercio de América del Norte para los países de América Latina y el Caribe", Banco Mundial, 2003.

[6] La elasticidad ingreso de las importaciones es el incremento porcentual de las importaciones a un incremento en el ingreso. Así, si la elasticidad es de 1.26 significa que si aumenta en 10% el ingreso aumentarán en 12.26% las importaciones.

(etapa de sustitución de importaciones y proteccionismo) a 4.58 en el periodo 1985-2010 (etapa de apertura y liberalización comercial). La alta elasticidad ingreso de 4.58 ha implicado que la propensión marginal a importar aumentara en promedio de .125 en 1970-1985 a 1.53 en 1985-2010. Esto ha ocasionado que el multiplicador de la exportación (o gasto agregado) sea muy bajo, mitigado el crecimiento económico del país.

Así, el multiplicador[7] de la exportación durante la primera etapa 1970-1984 de sustitución de importaciones y proteccionismo fue de 3.07, mientras que durante la etapa de apertura con liberalización comercial el multiplicador se redujo a 0.58. Esto significa que si aumentan en 100 millones de pesos las inversiones, el efecto multiplicador para el primer periodo sería de 307 millones de pesos. No obstante, para el segundo periodo el efecto multiplicador del ingreso solamente sería de 58 millones de pesos.

Por otra parte, el coeficiente de inversión al PIB es de alrededor de 21% (el promedio de América Latina), sin duda menor al 27% que se requiere para crecer al 6%; no obstante, es importante hacer notar que este mismo aumento de la

---

[7] Multiplicador del gasto agregado (consumo, inversión gasto público y exportación) se refiere al incremento del ingreso cuando aumenta, todo lo demás constante, una de estas variables.

inversión (en el periodo de apertura y liberalización comercial, 1985-2012) se multiplicó tan solo por 0.58, mientras que en la etapa anterior se multiplicaba más de tres veces (3.07) (para una explicación más amplia ver Capítulo II).

En este contexto, podemos decir que la causa fundamental que explica el estancamiento y la trampa al crecimiento del Modelo de Apertura Macroestabilizador es que ha generado un problema macroindustrial en donde la estrategia de apertura ha creado un modelo exportador con desarticulación interna de las cadenas productivas y un modelo de manufactura de ensamble con un sesgo proimportador. Este proceso a su vez ha elevado la elasticidad ingreso de las importaciones y la propensión marginal a importar y provocado que el multiplicador macroeconómico de la exportación (e inversión) se haya reducido considerablemente a más de la mitad; así un aumento en las exportaciones (o inversión) genera un efecto de demanda hacia el exterior de importaciones de insumos, materias primas y bienes de inversión, generando un bajo impacto en el crecimiento de la industria y la economía nacional.

De aquí, la paradoja de un *modelo dinámico exportador de manufacturas con desindustrialización,* dado que aumentan las exportaciones de manufacturas pero disminuye la participación de éstas en el PIB total. Por ello la necesidad de generar un nuevo modelo exportador con articulación interna de las cadenas productivas y retomar la reindustrialización como el principal motor del crecimiento de México en esta nueva etapa.

La *estrategia de reindustrialización* debe avanzar no solamente a través de una generación de mayor valor agregado interno, sino también en un escalamiento a nuevas actividades de mayor valor agregado; esto implica pasar de la manufactura de ensamble, a la manufactura integrada y a la *mentefactura*, esto es, industrias intensivas en conocimiento que demandan trabajadores y profesionales del conocimiento o *"mente-obra"*, lo que genera mayores empleos productivos y salarios remunerativos.

Más aún, ya en esta segunda década del Siglo XXI estamos frente a la Tercera Revolución Industrial caracterizada por la manufactura digital, flexible y personalizada (*mass costumizing*) que contrasta con la Segunda Revolución Industrial, de la manufactura masiva, estandarizada pero rígida en su sistema de producción (*mass production*). Así, hoy día la empresa Volks Wagen en Alemania puede producir en la misma línea un Beetle o un Passat con las características especiales que demanda el consumidor (el sistema MQB, Bloque Modular Transverso, ver Capítulo 5, Parte II).

El Modelo Económico del Cambio

La revolución tecnológica que sustenta a la Tercera Revolución Industrial cambiará la economía mundial en los próximos años, pues no requerirá de manufacturas elaboradas con mano de obra barata sino de mano de obra calificada ("mente-obra"); esto es, trabajadores y profesionales del conocimiento que manejen la tecnología moderna con capacidad de innovar, lo que permitirá empleos de mayor calidad, altamente productivos y bien remunerados. Es por ello, que es urgente una nueva estrategia de reindustrialización y política de competitividad industrial que incorpore a tiempo a México a esta Tercera Revolución Industrial, para avanzar de la manufactura de ensamble, a la manufactura integrada (mayor valor agregado) y a la mentefactura (o manufactura digital).

Esto permitirá no llegar tarde a esta Tercera Revolución Industrial, como nos pasó en la Segunda Revolución Industrial a la que nos incorporamos en los años cuarenta del Siglo XX y nos caracterizamos por una industrialización tardía.

Visión Global

El Modelo Macro Unidimensional: estabilidad sin crecimiento

El modelo macroeconómico se convirtió en un modelo macro unidimensional, ya que su único objetivo ha sido el control de la inflación. Ello se originó en 1987, cuando ésta llegó por primera vez en la historia moderna a una inflación de tres dígitos (160% anual), lo que llevó al gobierno a promover, correctamente, una política macroestabilizadora que tuviese como objetivo prioritario la reducción de la inflación.

No obstante, habiendo logrado el objetivo, en 1993 se estableció por la *Ley Monetaria,* que el banco central sólo tendría como objetivo de su política la inflación, dejando de lado el crecimiento. Posteriormente, la política fiscal estableció como objetivo el presupuesto balanceado (la Ley Federal de Presupuesto y Responsabilidad Hacendaria del 2006 obliga al gobierno a mantener un déficit igual a cero), aunado a una práctica donde el tipo de cambio apreciado y los propios salarios se utilizaron como ancla deflacionaria. En consecuencia, el modelo macro unidimensional de estabilización se convirtió en un freno al crecimiento por sus políticas monetaria y fiscal restrictivas lo frenan.

El Modelo Económico del Cambio

Por otra parte, tanto la política salarial como la política cambiaria se han convertido en anclas deflacionarias. La apreciación del tipo de cambio es contraccionista, pues implica un dólar subsidiado y barato que desvía la demanda al exterior (importaciones) en contra de la producción interna en los sectores de exportaciones y sustitución competitiva de importaciones. La política salarial no solamente ha significado que el salario real sea bajo sino que también esté estancado, lo cual frena no solo el bienestar de los trabajadores sino el desarrollo del mercado interno que ahora es fundamental para promover un crecimiento balanceado.

De forma ilustrativa supóngase que la economía mexicana es un carruaje con cuatro caballos: políticas monetaria, fiscal, cambiaria y salarial. Estos caballos tienen las riendas cortas y ante cualquier desviación en la meta de inflación (entre 3% y 4%) se acortan más. Así, todos los instrumentos de política se dirigen a un solo objetivo, la inflación, y no se observa el principio básico de Timbergen (Primer Premio Nobel) de que para alcanzar cada uno de los objetivos de la política macroeconómica (crecimiento, estabilidad de precios y equilibrio externo en la balanza de pagos) se requiere por lo menos un instrumento independiente asignado a cada uno de los objetivos (ver Capítulo 2, Parte I).

Visión Global

"Así, el Problema Fundamental del Estancamiento Crónico es Macro-Industrial porque ha generado un obstáculo estructural al crecimiento (por el bajo multiplicador de la exportación) y del Modelo Macroestabilizador Unidimensional, que ha generado un estancamiento estabilizador y se han convertido en un freno y la verdadera trampa al crecimiento económico."

Del Modelo Macro Unidimensional de estabilidad sin crecimiento al Macro Bidimensional de crecimiento con estabilidad

Cambiar el enfoque unidimensional del modelo que ha traído consigo falta de crecimiento y estancamiento, implicaría cambiar el Artículo 2 de la Ley del Banco de México, que dice que el 'objetivo prioritario' de la institución es 'procurar la estabilidad del poder adquisitivo' de la moneda nacional (inflación), por uno que tuviera tanto el crecimiento como la inflación como objetivos prioritarios, como el caso de la Reserva Federal de los Estados Unidos. Es importante señalar que el objetivo del desarrollo es elevar el bienestar vía el ingreso per cápita de la población y por lo tanto el nivel de vida, en un marco de estabilidad macroeconómica.

El Modelo Económico del Cambio

Asimismo, el crecimiento debería apoyarse en otros instrumentos como una política de tipo de cambio real competitivo y una política fiscal de fomento al crecimiento y a las inversiones pública, privada y extranjera, al mismo tiempo que se establecen incentivos a la innovación y desarrollo tecnológico.

En este contexto, crecer al 6% del PIB, implica formar el póquer de seises elevando los coeficientes de:

- La inversión: del 21 al 27% del PIB. Para lograrlo será necesario incrementar la eficiencia en la producción, a través de la realización de proyectos rentables, realizados en un marco institucional sólido impulsando la mentefactura para la reindustrialización y la promoción de los sectores energético, construcción y vivienda y telecomunicaciones, entre otros. Aquí, el aumento y la mejora en la calidad de la inversión pública debe ir acompañada con el fomento a la inversión privada y extranjera como motores del crecimiento.

- El ahorro: del 20 al 26%. Para lograr aumentarlo será necesario implementar políticas que ayuden a incentivar el ahorro a nivel nacional; a nivel de empresas se requerirá que se incentive la reinversión de utilidades; a nivel de las personas, se utilizarían como instrumentos los fondos para el retiro y vivienda; por último, el ahorro proveniente del exterior tendría que mantenerse en un nivel de alrededor de 2 ó 3% (igual al déficit en cuenta corriente). El ahorro público también sería complementario y debería mejorarse a través de una política de finanzas públicas sanas.

• El tributario: Elevar del 10 al 16% el coeficiente de recaudación como porcentaje del PIB (6 puntos). México es uno de los países con menor recaudación, con alrededor de 10% del PIB; el reto es aumentarla para poder mantener finanzas públicas sanas y al mismo tiempo realizar los gastos de inversión y sociales adecuados.

Por otra parte, el crecimiento se da finalmente por dos vías. Por acumulación de capital, esto es inversión, y por incremento en la productividad vía la innovación. En este contexto, México requiere promover un Sistema Nacional de Innovación que permita elevar el coeficiente de inversión en ciencia y tecnología de 0.4% del PIB (de los más bajos de la OCDE) a 1.5% del PIB.

El Modelo Económico del Cambio

También, se requiere de financiamiento al desarrollo que permita contar con instituciones financieras que puedan captar el ahorro y canalizarlo a la inversión productiva. En México, tanto Bancomext como Nafinsa, entre otras se han visto sumamente debilitadas, lo que trae como consecuencia la imposibilidad de impulsar proyectos que serían detonantes para el desarrollo del país. Por ello, es necesario reimpulsar el papel de la banca de desarrollo y reactivar su función estratégica relativa a la formulación de proyectos estratégicos y el respaldo e incentivación de programas industriales sectoriales, regionales y de comercio e inversiones internacionales, como lo hace la banca de desarrollo de China, la India, Brasil o Corea del Sur. Al mismo tiempo, será necesario aumentar en un 50% por lo menos, el nivel de préstamos de la banca comercial (14% del PIB) a las empresas.

Del Estado Minimalista ineficaz al Estado al Estado IFAT: Inteligente, Flexible, Ágil y Transparente

El modelo actual presenta un rol muy limitado del gobierno como agente económico, producto de un Estado minimalista ineficaz. Así observamos que en México, la racionalización de la participación del Estado en la economía se enfocó solo a una reducción del mismo, llevándolo al extremo con un Estado minimalista con las siguientes características:

- Una baja inversión pública del 4.5% del PIB, de los cuales 2.5% es del gobierno central y 2% de PEMEX, que limita no solo el crecimiento, sino el desarrollo de la infraestructura y el gasto social en educación y salud.

- Inversión en ciencia y tecnología menor al 0.4% del PIB, la más baja de los países de la OCDE.

- Ingresos tributarios del 10% del PIB, el más bajo en la OCDE y en América Latina.

- Una banca de desarrollo minimizada, que solo participa con el 2% del crédito total y principalmente vía factoraje, eliminando su papel de promotor del desarrollo tanto en infraestructura, en la industrialización e innovación y desarrollo tecnológico.

- La banca comercial en donde transitamos de la estatización a la extranjerización. Contamos con los bancos internacionales más importantes de Estados Unidos, Canadá y España pero que ahora se presentan con muy baja capacidad de promoción del crédito

El Modelo Económico del Cambio

a las empresas. Así la profundización de la banca en México es de entre el 14% y el 17% mientras que en otros países es superior al 50%, no se diga en China donde es superior al 100%. Esto es, contamos con una banca capitalizada pero ineficiente para su principal función que debe ser el financiamiento al desarrollo. Así, se presenta la paradoja de tener una banca comercial que genera utilidades (eficiencia micreoeconómica), pero no presta (eficiencia macroeconómica).

- Una baja capacidad del gobierno para instrumentar políticas macroeconómicas anticíclicas, pues la inversión pública representa solo el 4.5% del PIB y el ingreso tributario 10% del PIB.

- Un gobierno débil e ineficaz para diseñar e instrumentar una política reguladora de prácticas monopólicas y anticompetitivas, así como para fomentar la competencia de los mercados.

Para impulsar el desarrollo un Estado eficaz (efectivo) y eficiente, éste debe tener los atributos, IFAT: Inteligente, Flexible, Ágil y Transparente. Para enfrentar los nuevos problemas de la hipercompetencia global, el Estado no debe buscar únicamente su redimensionamiento, sino que debe revitalizar y reformar en su papel de promotor del desarrollo sus dimensiones de: agente económico; garante del proceso democrático; proveedor de bienes y servicios públicos y regulador eficaz de la economía, con reglas claras y consistentes del juego.

El Estado debe ser un promotor del desarrollo y la inversión privada y contar con políticas de fomento a la inversión y a la infraestructura.

Por lo que se refiere política social, se debe pasar de la política social asistencial a la política económica de crecimiento sostenido con empleo productivo y salarios remunerativos, ya que ésta es la mejor política social de largo plazo.

Resultados del Modelo de Apertura Macroestabilizador: Las brechas del desarrollo

Ya se mencionaron importantes efectos de la falta de crecimiento, pero además el estancamiento ha generado lo que llamamos brechas del desarrollo:

- *La brecha internacional*: En el 2000 éramos la 10ma y hoy somos la 14va economía, comparado con China que ya es la 2da y Brasil que es la 8va. Estos países avanzaron gracias a sus políticas, mientras que México retrocedió.

• *La brecha del PIB potencial*: En esta década el PIB ha sido menor al 2%, si históricamente por más de 40 años (de 1940 a 1980) fue de 6.5%; esto quiere decir que estamos a menos de la mitad de nuestra capacidad del PIB potencial. De haber continuado el crecimiento en los últimos 30 años (1982-2010) a estas tasas históricas hoy la economía mexicana sería tres veces más grande y mayor que la canadiense.

• *La brecha del empleo*: Anualmente se requiere de más de un millón de empleos productivos y el promedio de empleos formales ha sido de alrededor de 500 mil, lo cual ha abierto una brecha de medio millón de empleos. El empleo formal en el IMSS hoy es de 14,440,351 de una PEA de 45 millones, es decir un porcentaje muy alto de la población no cuenta con seguridad social ni un empleo formal. En resumen, la economía no ha sido capaz de generar empleos productivos con salarios remunerativos.

• *La brecha de competitividad*: Hoy la economía es la número 14 por el tamaño de su PIB, pero en competitividad estamos en el

Visión Global

lugar 58 (Reporte Global de Competitividad 2011-2012), lo que genera una brecha competitiva de 44 posiciones. *Se da la paradoja de ser un país de los más abiertos, pero de los menos competitivos.*

• *La brecha de la igualdad*: El 20% de la población con los ingresos más bajos tienen menos del 5% del ingreso nacional, mientras que el 20% más alto tiene más del 50%.

• *La "depresión social" con desesperanza*: La población presenta desánimo, agotamiento crónico y miedo con sensación de indefensión, producto del crecimiento en la violencia y del crimen organizado.

Pero, ¿cuáles son las implicaciones en el campo económico, político y social de estas brechas del desarrollo?

Mientras el país no ha crecido en los últimos 30 años, la población ha aumentado en 39.5 millones (de 74.7 a 114.2 millones de habitantes de 1982 a 2012) el equivalente a incorporar un país completo como Argentina. No obstante, el ingreso nacional real ni siquiera se ha duplicado cuando países como China lo han más que triplicado. Este proceso de estancamiento ha provocado profundos efectos negativos en el campo económico y ha permeado a los ámbitos social, político y aún moral de la sociedad mexicana.

En el terreno económico crecer a menos del 2%, promedio en los últimos 10 años, ha significado una gran ineficiencia en el uso macroeconómico de los recursos (capital, trabajo, tierra) que de haberse aprovechado de manera óptima, hubieran permitido que el PIB se triplicara, respecto al alcanzado en 2012, y fuera superior al de Canadá y otros países similares.

Los problemas de desempleo, la baja calidad de los empleos existentes y los bajos salarios han limitado las posibilidades de una mejora en el nivel de vida de la población y el desarrollo del mercado interno. A raíz de la crisis de 2008, los ingresos laborales han tendido a disminuir y los nuevos empleos que se han creado tienen en general salarios bajos. El crecimiento del empleo formal y de la masa salarial [8] en el país ha estado acompañado de menores ingresos laborales que reducen el ingreso disponible de los hogares mexicanos y limitan la capacidad de crecimiento del sector interno.

La precariedad de las fuentes de empleo se reflejan en los elevados niveles de informalidad, que suman a 14 millones de personas, es decir,

---

[8] Proporción de los salarios en el ingreso nacional.

sólo 1 millón de personas menos que los 15 millones que trabajan el sector formal adscrito al Instituto Mexicano del Seguro Social (IMSS).

El desafío de la competitividad, es uno de los grandes temas para el desarrollo del país, México enfrenta la *"paradoja de la apertura-competitividad"*: es uno de los países más abiertos, pero de los menos competitivos, ocupa el lugar 58 de 142 países en el último Reporte Global de Competitividad (2011-2012) del Foro Económico Mundial de Davos. En los aspectos institucionales el país ocupa los últimos lugares en los índices de competitividad, por ejemplo: en el costo de hacer negocios por el crimen y la violencia la posición 134 (de 142 países); en crimen organizado 139; en la carga por las regulaciones gubernamentales 102; en la calidad del sistema educativo 107, mientras que en la calidad de la educación primaria 121; amplitud en el dominio del mercado local 124; en las prácticas laborales para contratar y despedir 123; en la facilidad de acceso a préstamos 92; finalmente, en capacidad para innovar ocupa la posición 76.

Desde el punto de vista político, ha ocasionado que los procesos democráticos no hayan tenido el impacto previsto y que la alternancia en el poder, tampoco haya convencido a una sociedad que no ha podido recibir una respuesta efectiva a sus demandas socioeconómicas, por las limitación e ineficacia de un Estado minimalista. Dadas las características del Estado minimalista imperante, los gobiernos tienen una capacidad limitada para hacer frente a los problemas derivados del estancamiento económico y para promover el desarrollo, lo que ha llevado a la población a cuestionar los beneficios de la democracia. Así, en el Informe 2011 de la Corporación Latinobarómetro aparece que el apoyo a la democracia en México disminuyó 9 puntos porcentuales entre 2010 y 2011[9].

En el terreno social ha provocado marginación, pobreza y bajos niveles de educación y salud, así como un aumento en la inseguridad y delincuencia. Es importante revertir este proceso, pues finalmente *la única manera de "desarmar" a un delincuente es darle la oportunidad de tener un empleo productivo y salario remunerativo.*

En un contexto de crecimiento económico; cuando la población experimenta mejoras, se incrementan las posibilidades de realizar avances en aspectos de desarrollo humano que impulsan al país a una nueva etapa de progreso. Sin embargo, cuando el crecimiento económico se estanca, como ha sido el caso de México, las brechas de desigualdad social se acrecientan y resulta sumamente complicado transitar hacia etapas superiores de

---

[9] Corporación Latinobarómetro, Informe 2011, 29 pp.

desarrollo. Solucionar los problemas en esta dimensión es fundamental, ya que la carencia de condiciones sociales adecuadas no solo tiene efectos negativos sobre el bienestar material sino además trae consigo consecuencias morales indeseables.

Así, la existencia de una gran desmoralización[10] en la sociedad, especialmente en los jóvenes, cuyo desánimo y desesperanza por un mejor futuro hacen que en lugar de manifestarse como "indignados" (España) se pasen directamente a la informalidad o a la delincuencia. De igual manera, ha propiciado fenómenos sociales como el de los NINIs, nombre utilizado para referirse a la población de más de 7 millones de jóvenes que ni estudian ni trabajan en México. Finalmente, la falta de oportunidades de la población ha creado un entorno desalentador que afecta el ánimo de los mexicanos.

En conclusión, lo que está agotado es el modelo exportador de manufactura de ensamble macro unidimensional y Estado minimalista que genera estancamiento con estabilidad de precios, pero con baja competitividad, alto desempleo y pobreza.

---

[10] FRIEDMAN, Benjamin, "The moral consequences of economic growth".

El Modelo Económico del Cambio

No obstante, también hay *fortalezas* que permiten avanzar hacia un nuevo modelo económico del cambio, sin "traumas" en la transición. Estas son:

- ✓ La economía mexicana tiene un amplio mercado interno, pues es la 14va economía mundial (en dólares corrientes) y ocupa el lugar número 11 en su participación en el mercado mundial (paridad de poder de compra).

- ✓ Estabilidad de precios con baja inflación (4% promedio anual).

- ✓ Reservas internacionales de 155 mil millones de dólares y una línea de crédito contingente de 75 mil mdd con el FMI, que permite una disponibilidad total de 230 mil mdd.

- ✓ Bajo nivel de deuda pública (alrededor del 40%).

- ✓ Equilibrio fiscal (déficit de 0.5% del PIB del gobierno central y de 2.5% con la inversión de PEMEX).

- ✓ Activo comercial, con 12 acuerdos de libre comercio con 42 países que hay que aprovechar pues actualmente casi el 80% del comercio exterior se concentra en un solo mercado (los Estados Unidos). Aquí habría

Visión Global

que aprovechar la entrada de México al Acuerdo de Asociación Transpacífico (TPP, por sus siglas en inglés), que permitiría una diversificación comercial a esta área que representa el 27% del PIB mundial.

De aquí la urgencia de rescatar a México del estancamiento crónico y relanzarlo a una nueva etapa superior de desarrollo impulsado por un Nuevo Modelo Económico del Cambio: El Crecimiento Competitivo e Incluyente con la Reindustrialización de México 2030.

Hacia un nuevo Modelo Económico: Crecimiento Competitivo, Incluyente y la Reindustrialización 2030

El primer paso para lograr la adopción de un nuevo modelo de desarrollo, es lograr una visión de país compartida. Esto significa, en el caso de México, romper con el modelo mental de una *visión "paradogmática"* de apertura macroestabilizadora y abrirse al cambio hacia un Nuevo Modelo Económico con Crecimiento Competitivo e Incluyente basado en la reindustrialización del país y apoyado en diez pilares fundamentales, que se desarrollan en la Parte II del libro.

El Modelo Económico del Cambio

Figura 1
HACIA EL NUEVO MODELO DE CRECIMIENTO COMPETITIVO, BALANCEADO E INCLUYENTE Y SUS DIEZ PILARES
VISIÓN COMPARTIDA 2030

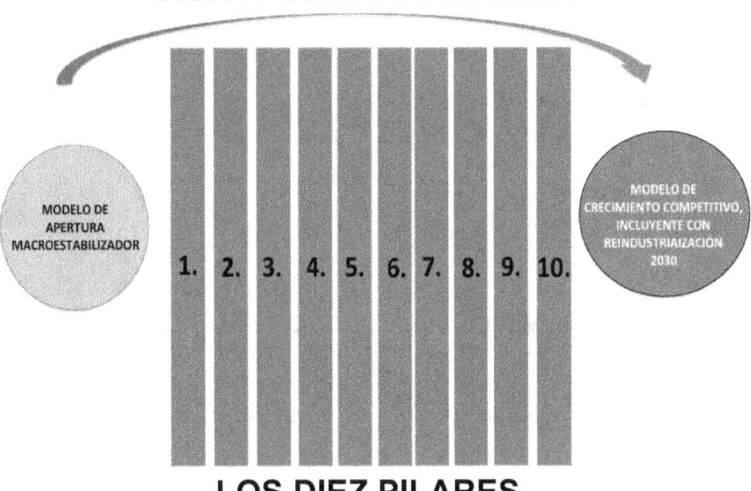

LOS DIEZ PILARES

1. La estrategia de crecimiento competitivo y balanceado: Demanda externa y mercado interno.
2. Reindustrialización tridimensional y la política de competitividad industrial.
3. Modelo macroeconómico bidimensional: Crecimiento con estabilidad.
4. Crecimiento pleno, sostenido y sustentable.
5. Crecimiento incluyente: Empleos productivos y salarios remunerativos.
6. El financiamiento al desarrollo: La banca comercial y la banca de desarrollo.

7. El reencuentro de un nuevo Estado IFAT con un mercado institucional y sociedad participativa.
8. La nueva estrategia de inserción a la economía global: El TLCAN II y México como un nuevo BRICS.
9. La economía política del crecimiento: instituciones políticas y económicas incluyentes.
10. Visión de futuro y proyecto de nación: México 2030.

Generar una visión compartida al 2030 de un modelo de desarrollo integral basado en un crecimiento competitivo, balanceado e incluyente significa:

➤ La nueva estrategia de crecimiento debe ser una de **crecimiento balanceado**, en donde tanto la demanda externa como la interna sean fuentes de crecimiento. Se requiere eliminar el falso dilema de crecer internamente vía exportaciones o crecer hacia dentro vía sustitución de importaciones. México dado el tamaño de su economía, 14ava a nivel mundial, y su vulnerabilidad externa puede y debe crecer de manera balanceada impulsada tanto por la locomotora de la demanda externa vía exportaciones, como la locomotora del mercado interno. Pero en una economía abierta a la hipercompetencia global para poder crecer tanto hacia dentro, impulsada por el mercado interno como el externo vía exportaciones, tiene que ser **internacionalmente competitiva** no solo para atraer las inversiones en el sector exportador, sino también para el sector que compite con las importaciones y así desarrollar de manera balanceada su mercado interno. Esta es la única manera de enfrentar los ciclos recesivos del mercado mundial pues como vemos hoy en esta crisis global de la 2da década del siglo XXI **"la demanda es un bien escaso"** hay que utilizarla, como lo ha hecho China para poder mantener un ritmo de crecimiento sostenido de la economía nacional.

➢ Impulsar un **crecimiento competitivo** es fundamental y necesario en una economía abierta a la hipercompetencia global y la competitividad debe ser sistémica en donde tanto las empresa, los sectores productivos, el gobierno, como la infraestructura, los precios macroeconómicos, el marco institucional del estado de derecho y el capital social, la confianza en el país y su rumbo deben generar el ambiente macroinstitucional para el desarrollo de las empresas.

Visión Global

- Promover un **crecimiento balanceado** en donde la locomotora de la demanda externa vía exportaciones esté acompañada por la demanda interna del mercado doméstico el cual a su vez deberá retomar a la industria como principal motor del crecimiento dinámico de la economía promoviendo la articulación de las cadenas productivas.

- Por otra parte, el crecimiento además de competitivo y balanceado, tiene otras tres dimensiones que son fundamentales para un desarrollo integral:

  - **crecimiento pleno**, esto es crecer a la tasa del PIB potencial de la economía, del 6% promedio anual;

  - **crecimiento sostenido**, crecer al 6% anual evitando las crisis recurrentes y los procesos de "pare y siga" como los de 1982, 1995 y 2009 que son altamente costosos para el país; y

  - **crecimiento sustentable** que implica crear riqueza sin destruir la naturaleza y la calidad del medio ambiente. Esto es un crecimiento "verde" en donde se pueda incrementar la producción de manera sostenible garantizando el

El Modelo Económico del Cambio

> cuidado del medio ambiente así como de los recursos naturales.

> Avanzar hacia un **crecimiento incluyente** implica generar anualmente el millón de nuevos empleos de calidad que requiere el país y al mismo tiempo rescatar a los 52 millones de pobres. En el corto plazo, se debe continuar con políticas asistenciales (oportunidades, seguro universal, entre otras) no obstante, la mejor política social para generar un crecimiento incluyente en el mediano y largo plazos es un modelo económico que cree empleos productivos y salarios remunerativos para toda la población.

Utilizando una metáfora donde la economía mexicana es un ferrocarril se requiere que éste sea impulsado por dos locomotoras: la de la demanda externa vía exportaciones y la de la demanda interna vía el mercado doméstico (*crecimiento balanceado*). Ambas locomotoras deben correr a 100 kms. por hora es decir, a su velocidad plena del 6% del PIB potencial (*crecimiento pleno*); que además evite caer en los procesos de "pare y siga" (*crecimiento sostenido*). Asimismo, la locomotora debe ser moderna ya que esto le permite funcionar óptimamente sin contaminar (*crecimiento sustentable*) y, finalmente, se requiere que suba a los 52 millones de pobres al ferrocarril del

Visión Global

desarrollo, generando los empleos productivos necesarios con salarios remunerativos (*crecimiento incluyente*).

En síntesis, pasar del modelo actual al *Modelo Económico del Cambio* implica:

- ✓ Pasar de una estrategia de apertura de solo crecimiento hacia fuera vía exportaciones a una estrategia de crecimiento balanceado en donde el motor de la demanda externa vía exportaciones esté acompañada por la demanda interna del mercado doméstico, que deberá retomar a la industria como principal detonador del crecimiento dinámico de la economía promoviendo la articulación de las cadenas productivas nacionales.

- ✓ Retomar la industria como motor del crecimiento no solo es fundamental, sino también estratégico en esta Tercera Revolución Industrial de la manufactura digital y la era del conocimiento, pues es la que genera más encadenamientos (hacia atrás y hacia delante), presenta economías de escala y es el sector donde se genera la mayor dinámica de innovación y los empleos de mayor calidad y más elevados salarios.

El Modelo Económico del Cambio

- ✓ La estrategia de reindustrialización implica:

  - Pasar del modelo exportador de manufactura de ensamble a un modelo industrial tridimensional apoyado en los tres pivotes,: de la industria exportadora, pero con articulación productiva interna; el pivote de sustitución competitiva de importaciones y el pivote del sector endógeno como motor interno (infraestructura, construcción, vivienda).

  - Avanzar de la manufactura a la "mentefactura", esto es, actividades intensivas en el conocimiento (biotecnología, software, nanotecnología, mecatrónica, etcétera) lo que permitiría pasar de la manufactura de ensamble a la manufactura integrada (con más valor agregado y, finalmente, a lo que hemos llamado mentefactura.

  - Pasar del TLCAN I de la integración comercial al TLCAN II que es la integración productiva.

- ✓ De un modelo macro unidimensional (cuyo único objetivo es la inflación) a un modelo macro bidimensional (con ambos objetivos, crecimiento con estabilidad de precios). Lo que implica, además de adecuar la Ley

Visión Global

Monetaria (manteniendo la autonomía del Banco Central), ajustes en la política macroeconómica:

- la política cambiaria debe tener como objetivo un tipo de cambio real competitivo a través de un régimen "de flotación administrada" que evite la apreciación cambiaria;

- una política monetaria que promueva el crédito competitivo (profundización bancaria);

- política fiscal que fomente las inversiones tanto pública como privada a través de incentivos fiscales y;

- una política salarial que permita elevar el salario real con base en la inflación y la productividad, lo que finalmente permitirá con mayor empleo aumentar la masa salarial en la economía que es fundamental para dinamizar el motor del mercado interno.

Asimismo, para transitar del modelo actual al Nuevo Modelo Económico del Cambio se requiere de una visión de futuro y proyecto de nación consensuado con los diversos actores, que pueda mantenerse a largo plazo como un proyecto de Estado (no solo de gobierno), pues la democracia se caracteriza también por la alternancia, pero hay que mantener el rumbo para poder alcanzar un desarrollo económico y social sostenido en el largo plazo.

La Visión de Futuro y Proyecto de Nación y la Democracia con alternancia

Para lograr un crecimiento sostenido y un desarrollo sustentable a largo plazo, en una democracia con alternancia, se requiere de Visión de Futuro y Proyecto de Nación consensuado. Se debe lograr la definición y construcción de nuestra propia autopista común con rumbo a un desarrollo sustentable con ayuda de todos los partidos políticos para que podamos cambiar de carril, es decir podemos tener una transición de poderes entre los diferentes partidos políticos (derecha, centro, izquierda) pero sin perder el rumbo; no debemos cambiar de autopista, pues la única debe ser lograr un desarrollo integral de México.

Nuestro principal argumento es que la estrategia de cambio requiere transitar de un viejo modelo a uno nuevo y para ello necesitamos en lo económico pasar del Modelo Macro-Estabilizador al Modelo Económico del Cambio con crecimiento competitivo e incluyente y con la reindustrialización de México.

De aquí la importancia de aprender de las lecciones del pasado, con visión de futuro para consensuar un proyecto económico y político que deberá concluir en un Acuerdo Nacional en lo fundamental; el país que queremos, el camino que requerimos recorrer, la participación en el proceso y distribución de los costos y beneficios del crecimiento entre los actores, lo cual nos permitirá ejercer regímenes políticos abiertos y democráticos, evitando caer en el peligroso juego del péndulo.

Después de 30 años de estancamiento crónico, el 2012 será un año de inflexión y por lo tanto es un tiempo propicio, apoyándonos en nuestras fortalezas, para rescatar a México y llevarlo a una etapa superior de desarrollo, con una Visión de Futuro y Proyecto de Nación compartido.

El Modelo Económico del Cambio

Figura 2
MÉXICO CRECIMIENTO COMPETITIVO E INCLUYENTE 2030
VISIÓN DE FUTURA Y PROYECTO DE NACIÓN

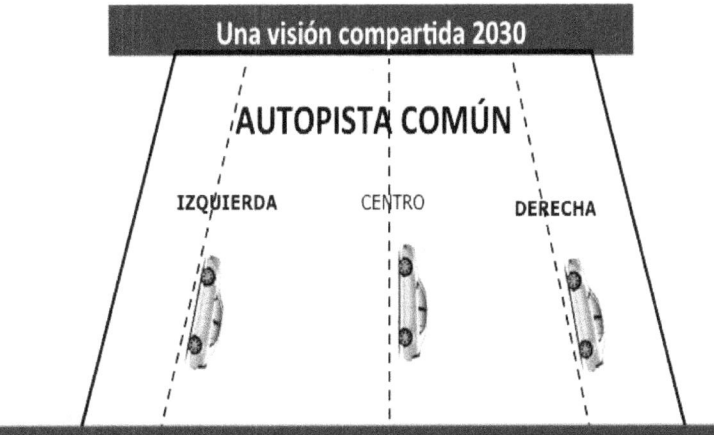

PARTE I

Modelo Económico Actual: El Modelo de Apertura Macroestabilizador y el Estado Minimalista

"México parece no experimentar un cambio favorable en su actividad innovadora. Ello es evidencia de que México no tiene un fuerte encadenamiento de su Sistema Nacional de Innovación, al grado de que su dinámica sólo se sustenta en la ventaja temporal de los bajos costos de mano de obra, en un proceso simple de maquila, y no en el desarrollo de una base de conocimiento dirigido por la innovación que haría sustentable el crecimiento de los sectores."
Daniel Lederman[*]

"Abandonemos la ilusión de que el mercado por sí solo va a traer igualdad, lo que queremos es más que igualdad, no con la perpetuación de un Estado de "malestar social" y privatizado, sino a través de una reforma del aparato estatal que permita transformarlo en un instrumento de progreso social."
Fernando Henrique Cardoso[**]

---

[*] "Lecciones del Tratado de libre Comercio de América del Norte para los países de América Latina y el Caribe", Banco Mundial.
[**] "Estado, Comunidad y Sociedad en el Desarrollo", Revista de la CEPAL, Agosto 1997, p.9.

El Modelo Económico del Cambio

"Las presiones cotidianas, escribió Kissinger, tientan a pensar que un problema pospuesto es un problema evitado; más frecuentemente, es una crisis creada." Así estamos con la posposición continua de soluciones al tema del crecimiento de la economía."

Luis Rubio[***]

[***] "¿Puede México recuperar la senda del crecimiento económico?", Periódico Reforma, 27 de noviembre de 2011.

El Modelo Exportador de Manufactura de Ensamble y la Desindustrialización

CAPITULO I

LA ESTRATEGIA DE APERTURA, EL MODELO EXPORTADOR DE MANUFACTURA DE ENSAMBLE Y LA DESINDUSTRIALIZACIÓN

Las dos etapas de la estrategia de crecimiento: hacia dentro vía Industrialización Sustitutiva de Importaciones (1940-1984) y hacia fuera vía Exportación de Manufacturas (1985-2012)

La estrategia de crecimiento en términos de la fuente de demanda (interna o externa) se caracteriza en México por dos etapas: la de crecimiento hacia adentro vía la Industrialización Sustitutiva de Importaciones (ISI) 1940-1984 y la de crecimiento hacia fuera vía Exportación de manufacturas (EM) de 1985-2012.

La etapa de crecimiento hacia adentro (ISI) tuvo como motor el mercado interno basado en una política proteccionista, mientras que en la etapa de crecimiento hacia fuera -que es la etapa presente (1985-2012)- está basada en una política de apertura vía liberalización comercial y tratados de libre comercio. Esta etapa se inicia con la entrada de México al GATT (1985) y el Tratado de Libre Comercio de América del Norte (TLCAN, 1995) que posteriormente se amplió a 12 acuerdos de libre comercio con 42 países.

En la etapa de crecimiento hacia adentro (ver grafica) y del periodo de 1960 a 1984 el ISI (importaciones/importaciones+PIB) fue inferior al 0.10 y para 1984 de 0.07, lo que significa que las importaciones de bienes y servicios representaban el 7% de la oferta total (PIB+importaciones); esto es, el crecimiento de la economía dependía principalmente del mercado interno.

Por el contrario, en la etapa de crecimiento hacia fuera, este índice se eleva a 0.40 lo que significa que para el 2010 el 40% de la oferta total estaba representada por las importaciones de bienes y servicios. Este fenómeno que podemos calificar como de *sustitución de importaciones* estuvo acompañado de una participación cada vez mayor de las exportaciones de bienes y servicios respecto al PIB, que pasó de 0.15 a 0.58 en esta etapa (1985-2010), lo que significa que ya para este año de 2010 las exportaciones de bienes y servicios representaron el 58% del PIB (es decir, habían aumentado cuatro veces respecto a 1985), pues es la etapa de crecimiento hacia fuera basada en la demanda externa (Ver gráfica 1.1).

Gráfica 1.1
ESTRATEGIAS DE CRECIMIENTO HACIA DENTRO VÍA ISI Y HACIA FUERA VÍA IE

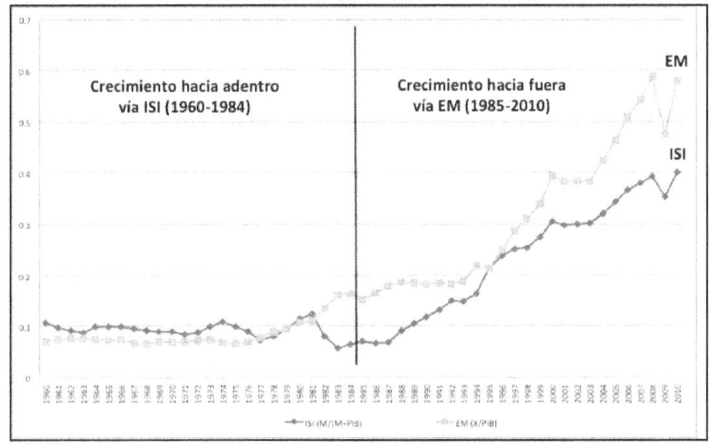

X= Exportaciones; M= Importaciones

Fuente: Elaborado por CECIC, con datos de Banxico.

La apertura de la economía hacia el exterior se mide a través del Índice de Apertura Externa (IAE, exportaciones+importaciones/PIB) el cual pasó de 0.22 en 1985 a 1.25 en el 2010; esto es, aumentó en más de seis veces durante este periodo y el sector externo (exportaciones+ importaciones de bienes y servicios) pasó de representar el 23% en el primer periodo a 125% en el segundo. Esto es, la economía mexicana se abrió radicalmente al exterior producto de la estrategia de apertura vía liberalización comercial y tratados de libre comercio (ver gráfica 1.2).

Es en este contexto de las dos etapas de la estrategia de crecimiento hacia adentro vía la ISI y el proteccionismo y la nueva etapa de crecimiento hacia fuera vía exportaciones, en que debemos enmarcar con una perspectiva histórica el modelo actual de crecimiento en términos de fuente de la demanda externa como la principal locomotora del crecimiento.

Gráfica 1.2
ÌNDICE DE APERTURA EXTERNA (IAE)

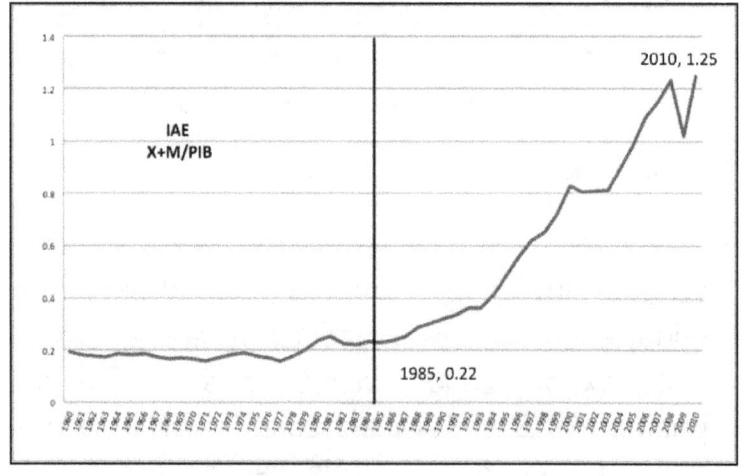

IAE= Exportaciones (X) + Importaciones (M) entre el PIB

Fuente: Elaborado por CECIC, con datos de Banxico.

*El Modelo Exportador de Manufactura de Ensamble
y la Desindustrialización*

La estrategia de apertura, el modelo exportador de manufactura de ensamble y la desindustrialización

La estrategia de apertura vía liberalización comercial y los tratados de libre comercio, ha tenido lugar desde 1985 año en que entramos al Acuerdo General sobre aranceles y Comercio (GATT, por sus siglas en inglés), hasta el presente. Esta estrategia de crecimiento hacia fuera generó un Modelo Exportador de Manufactura de Ensamble con Desindustrialización. Este periodo (1985-2011) contrasta con la estrategia de crecimiento hacia adentro vía la industrialización sustitutiva de importaciones (ISI) bajo un régimen de proteccionismo llevada a cabo durante la etapa 1970-1984.

En esta perspectiva podemos caracterizar el periodo comprendido entre 1970 y 2012 en dos etapas. La primera que va de 1970 a 1984 de crecimiento hacia adentro y proteccionismo y la segunda etapa de 1985 a 2012 de apertura con liberalización comercial y crecimiento hacia fuera vía exportaciones. Así el Índice de Apertura Externa (X+M/PIB) pasó de 0.16 en el primer periodo a 0.71 en la etapa reciente de apertura, esto es el sector externo ha llevado la dinámica del crecimiento más que el mercado interno.

Pero, ¿cómo se ha caracterizado la apertura al exterior? A través de varias políticas:

- La entrada al GATT en 1986, hoy la OMC.

- El Tratado de Libre Comercio con América del Norte (TLCAN) que entró en vigor en enero de 1994 y junto con otros acuerdos ha distinguido a México como uno de los países más abiertos a la competencia internacional.

- Una reducción de los aranceles. Mientras que en 1982 -debido a la crisis de la deuda y la maxi devaluación del 100%- se protegió la totalidad de las importaciones a través de control cuantitativo (permisos previos), para la presente década el nivel arancelario ha sido en promedio menor al 10%.

En el modelo de apertura y con el TLCAN se manejó la filosofía económica de que *"la mejor política industrial es la que no existe",* de tal manera que durante esta nueva etapa (1985-2012) se ha carecido por completo de una política de competitividad industrial en una economía abierta a la hipercompetencia y globalización, la cual es muy diferente a la política proteccionista que caracterizó al viejo

El Modelo Exportador de Manufactura de Ensamble y la Desindustrialización

modelo de industrialización sustitutiva de importaciones.

En síntesis, todos estos instrumentos han formado parte del modelo de apertura al exterior y de facto la estrategia ha significado que el Índice de Apertura pasara de 0.16 a 0.71.

Por otra parte, después de la crisis externa y maxi-devaluación del 100% en 1995, en la última década se ha presentado un tipo de cambio más estable pero con alta volatilidad y generalmente con una apreciación. La apreciación cambiaria significa un subsidio al dólar; esto es, a todas las importaciones que significa desprotección de la economía nacional respecto a la competencia internacional. Asimismo, la volatilidad y apreciación cambiaria han estado acompañadas del contrabando que en sectores como el textil ha llegado a representar hasta el 50% del valor de su mercado y también por la competencia desleal principalmente de China.

Estos instrumentos y mecanismos de política de apertura al exterior han determinado la nueva etapa de crecimiento hacia fuera y generado varios efectos, siendo el principal un sesgo pro-importador que origina una desarticulación interna de las cadenas productivas.

El modelo de crecimiento hacia adentro e industrialización sustitutiva de importaciones fue eficaz para promover el crecimiento, pero ineficiente porque generó un sesgo anti-exportador y aunque se agotó en 1976 el auge del petróleo extendió artificialmente su vida, por lo que finalmente evidenció su crisis y agotamiento hasta 1982.

El sesgo anti-exportador se generaba porque al proteger los sectores de bienes de capital, insumos y materias primas a través de elevar los precios internos frente a los internacionales, esto equivalía a poner un impuesto al exportador nacional que quería vender sus productos en el exterior. En contraste, el modelo de apertura ha caído en el otro extremo, generando un sesgo pro-importador con todas las políticas antes mencionadas y la ausencia de una política de competitividad industrial.

Los efectos de la estrategia de apertura

Pero, ¿cuáles han sido los efectos de ésta estrategia y política de apertura al exterior? El resultado fue que se generó un Modelo Exportador de Manufactura de Ensamble dinámico, pero -dado el sesgo pro-importador- con una elevada desarticulación de las cadenas productivas internas, teniendo como resultado un modelo de manufactura de ensamble en donde hoy día más del 50% de las exportaciones de mercancías son estrictamente de maquila (ver gráfica 1.3), lo que a su vez ha originado un proceso de desindustrialización.

Gráfica 1.3
MODELO EXPORTADOR DE MANUFACTURA DE ENSAMBLE: LOCOMOTORA CON BAJO PODER DE ARRASTRE INTERNO

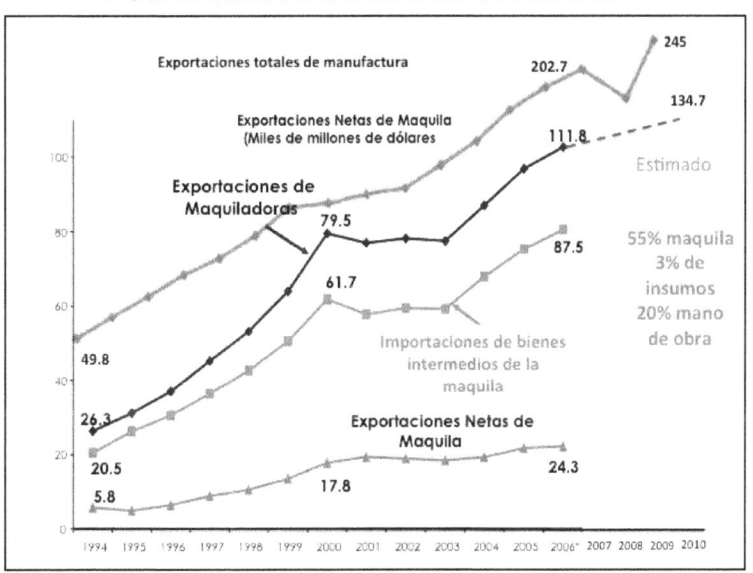

Fuente: Elaborado por CECIC con datos de Banxico.

Así, podemos decir que esta estrategia de apertura al exterior se caracteriza por dos paradojas:

El Modelo Económico del Cambio

1. Modelo exportador dinámico con desindustrialización (manufactura de ensamble).
2. Apertura vía libre comercio sin competitividad.

La paradoja de un modelo exportador de manufactura dinámico pero con desindustrialización, se explica porque la exportación de manufacturas ha crecido pero con bajo contenido nacional; esto es, la industria manufacturera ha dejado de ser el motor del crecimiento, porque crece en menor medida que el PIB nacional. Es así que de representar en el año 2000, 20% del PIB esta se reduce a 13.5% en el 2011.

La manufactura de ensamble también se caracteriza por tener exportación dinámica, pero con elevado contenido de importación de bienes intermedios y de capital. Por ejemplo, México es el exportador mundial no. 1 de televisores pero el contenido importado es de 95%, de tal forma que si se incrementa la exportación en 1,000 millones de dólares (mdd) el efecto de la demanda se traslada al exterior con 950 mdd y solo 50 mdd es nacional con bajo efecto multiplicador para el resto de la economía.

*El Modelo Exportador de Manufactura de Ensamble
y la Desindustrialización*

En este contexto, la tesis central que explica por qué México no crece es tridimensional:

El problema central es macro-industrial producto de un modelo de apertura exportador con desarticulación interna de las cadenas productivas, que ha generado desindustrialización y un incremento significativo de la elasticidad ingreso de las importaciones y por lo tanto de la propensión marginal a importar lo que reduce significativamente el multiplicador de la exportación y en general del gasto agregado (esto es además de las exportaciones la inversión, el consumo y el gasto del gobierno).

Paralelo al problema macroindustrial de la estrategia de apertura, es que éste se ha acompañado de un modelo macroeconómico unidimensional donde el único objetivo es la inflación (estabilidad de precios) y todos los instrumentos (política cambiaria, monetaria, fiscal y salarial) se dirigen a este solo objetivo convirtiéndose en un verdadero freno al crecimiento.

La conformación de un Estado minimalista e ineficaz que limita su función promotora del crecimiento tanto por su baja capacidad de inversión pública (4.5%, de los cuales 2% es de PEMEX), de inversión en ciencia y tecnología (menos de 0.4% del PIB, la más baja entre los miembros de la OCDE) como tributaria (10% del PIB, la más baja en América Latina). Asimismo, presenta baja capacidad para instrumentar políticas macroeconómicas contracíclicas y regular las prácticas monopólicas y anticompetitivas.

En la etapa de apertura 1985-2012 el sesgo pro-importador, elevó significativamente la propensión marginal a importar (ver gráfica 1.4) y lo que se llama la elasticidad ingreso de las importaciones a 4.53 respecto a 1.27 durante el periodo (70-84). Esto significa que si el PIB aumenta en 1% las importaciones lo hacían en 1.27% en la primera etapa y 4.53% en la segunda (ver gráfica 1.4).

El Modelo Exportador de Manufactura de Ensamble y la Desindustrialización

Gráfica 1.4
LAS DOS ETAPAS DEL 1970 AL 2011
PROTECCIONISMO Y APERTURA[1]

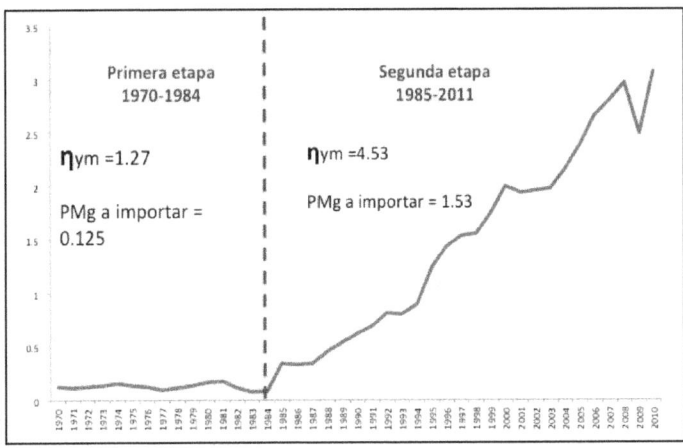

Fuente: Elaboración propia.

El cambio y la elevación de la propensión marginal a importar; esto es, el aumento en las importaciones producto del incremento en el ingreso ha tenido como efecto un cambio estructural en lo que es el multiplicador de la exportación y gasto agregado general (que pasó de 3.07 durante la primera etapa 1970-1984 a solo 0.58 en la segunda etapa 1985-2011). Esto significa que si aumentan en 100 millones de pesos las exportaciones (o la inversión) el efecto multiplicador en la economía seria de 307

---

[1] La elasticidad ingreso de las importaciones (ηym) mide el incremento porcentual en las importaciones a un incremento porcentual en el ingreso. La propensión marginal a importar es el incremento absoluto en las importaciones a un incremento en el ingreso.

millones de pesos en la primera etapa y de solo 58 millones de pesos para la segunda; es decir, el efecto multiplicador de la demanda se va al exterior para importar los bienes de capital y bienes intermedios, lo cual se ha convertido en una verdadera trampa al crecimiento (ver gráfica 1.5).

Gráfica 1.5
MULTIPLICADOR DE LA EXPORTACIÓN[2]

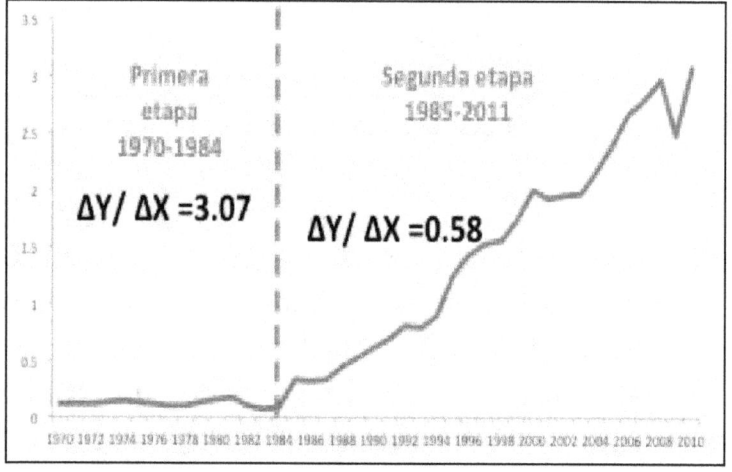

Fuente: Elaboración propia.

Se puede observar como ha cambiado el papel de Pemex que ha dejado de ser palanca del desarrollo debido a que la industria nacional de bienes de capital, maquinaria y equipo, bienes

---

[2] El multiplicador de la exportación mide el incremento en el ingreso a un incremento en la exportación (o cualesquier variable del gasto agregado; consumo, inversión o gasto del gobierno).

intermedios e insumos que requiere la paraestatal no se ha desarrollado.

Así, de la inversión total de Pemex actualmente más de 2/3 partes (70%) se va al exterior y solo una tercera parte (30%) es para la demanda doméstica, mientras que en los 70 la relación era inversa. De esta manera, si se aumenta la inversión por ejemplo en 100 mdd en una plataforma marítima, como éstas se importan 100% de Corea del Sur el efecto multiplicador en México es nulo.

Es en este contexto que:

Es urgente una estrategia de reindustrialización con articulación interna de las cadenas productivas para volver a crecer, resolviendo el problema macro-industrial del estancamiento.

Al mismo tiempo, el TLCAN como estrategia de apertura para México y regional de competitividad se ha agotado tanto para el país como para la región, por lo que hoy día es perdedora en el mundo de la hipercompetencia global. Por ello:

El desafío es pasar del TLCAN I al TLCAN II de la integración comercial a la integración productiva vía clusters regionales y política de competitividad industrial.

Modelo de Apertura vía Liberalización Comercial y TLCAN: Paradoja de la Apertura sin Competitividad Regional

El modelo de apertura y liberalización comercial a través del TLCAN como estrategia regional para elevar la competitividad de América del Norte se fue agotando con el tiempo y durante la última década la región ha perdido liderazgo y posicionamiento (*market share*) en el comercio mundial, ya que los tres países que integran el TLCAN han perdido participación de mercado, pasando del 19 por ciento de las exportaciones mundiales en 2000 al 12.86 por ciento en el 2009.

Los tres países somos perdedores, así la región perdió 6 puntos porcentuales; Estados Unidos perdió 3.5 puntos porcentuales, Canadá 1.75, México 0.75. Los tres países son perdedores al bajar la participación en el comercio mundial de 2000 a 2010 de 12.11% a 8.39% en el caso de EE.UU., de 4.28% a 2.55% en el caso de Canadá y de 2.58% a 1.96% en el de México.

*El Modelo Exportador de Manufactura de Ensamble
y la Desindustrialización*

Gráfica 1.6
PARTICIPACIÓN DE ESTADOS UNIDOS, CANADÁ Y MÉXICO EN EL MERCADO MUNDIAL DE EXPORTACIÓN DE MERCANCÍAS

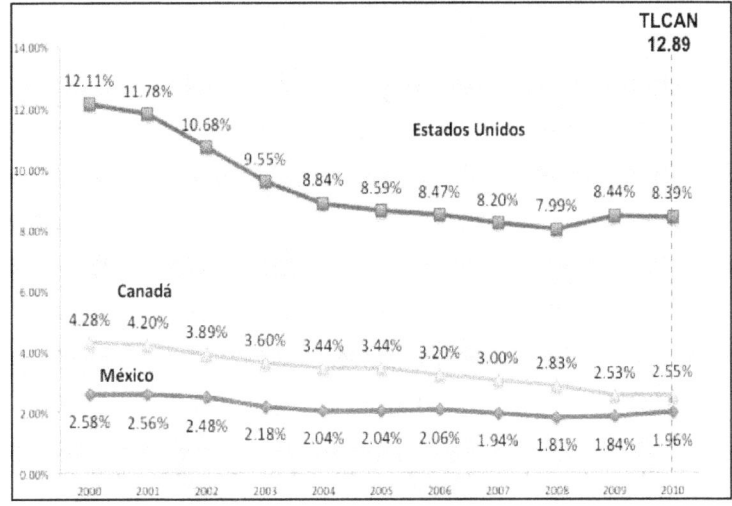

Fuente: Elaboración propia con datos de la Organización Mundial de Comercio.

El estancamiento económico y exportador de México en los últimos años, ante la velocidad de crecimiento económico, industrial y exportador de China, ha rezagado el posicionamiento de México dentro del mercado de Estados Unidos. Las consecuencias de este fenómeno pueden ser mucho más graves para nuestro país de lo que se percibe en la actualidad ya que el dinamismo en el crecimiento del país asiático es creciente.

Aproximadamente el noventa por ciento de las exportaciones mexicanas y chinas a los Estados Unidos se concentra en 24 capítulos del Sistema Armonizado. En particular, la competencia entre los dos países se localiza en 15 capítulos que comprenden prendas de vestir; muebles; máquinas; aparatos y material eléctrico y fundición de fierro y acero. Además de los rubros anteriores, la competencia entre China y México se concentra en capítulos como diversas manufacturas de metales, productos de piedra, yeso y cemento, equipo de cómputo, manufacturas de fierro y acero, herramientas y artículos de cuchillería, refrigeradores, equipo de cómputo, instrumentos y aparatos de óptica, madera y sus manufacturas y papel y cartón. Más aún, el traslape entre las exportaciones de China (al mercado norteamericano) y las de México se duplicó entre 1990 y 2000 al pasar de 26 por ciento a 50 por ciento. Esta tendencia es creciente y se estima que dicho porcentaje se ubicó en más del 60 por ciento en 2009.

En la siguiente gráfica se presenta la evolución que a partir de 2000 han tenido las participaciones relativas de China, Canadá y México en el mercado estadounidense. Como se puede observar, China superó a Canadá como proveedor en ese mercado (desde 2007) y en 2011 registró una participación de 18.09 por ciento del mercado total, por encima del 14.34

por ciento de Canadá y el 11.92 de México, quien prácticamente ha estancado su participación en el mercado estadounidense en los últimos años (ver gráfica 1.7). Es clara la tendencia ascendente de la línea roja correspondiente a China mientras que la de Canadá ha disminuido ligeramente aunque de manera sostenida y la de México permanece casi sin cambio, debido a que el crecimiento de las exportaciones es menos vigoroso que antes.

Gráfica 1.7
PARTICIPACIÓN DE CHINA, CANADÁ Y MÉXICO COMO PORCENTAJE DEL MERCADO DE IMPORTACIÓN DE LOS ESTADOS UNIDOS 2000-2011

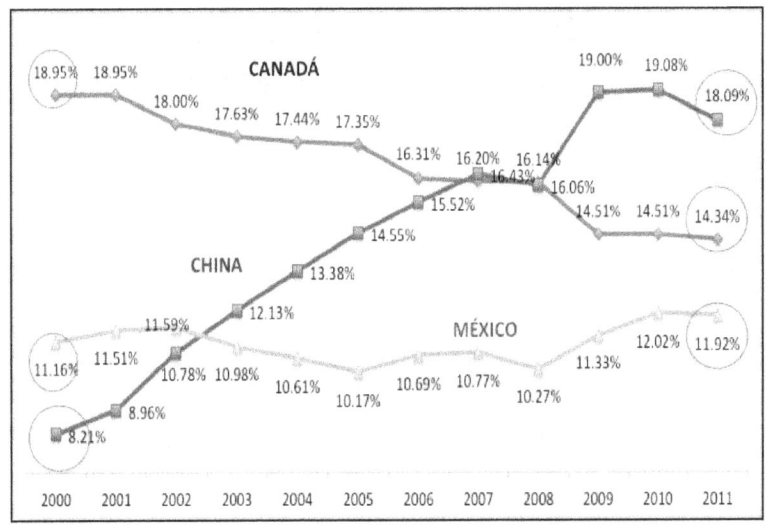

Fuente: Elaboración propia con datos del Departamento de Comercio de los Estados Unidos.

El Modelo Económico del Cambio

Es así que China rebasó a Canadá para convertirse en el mayor exportador a Estados Unidos, coronando un periodo de seis años en el que sus envíos al mercado estadounidense aumentaron a más del triple. Encabezadas por artículos como televisores de pantalla plana, computadoras, electrodomésticos, juguetes y ropa.

El TLCAN como estrategia regional de competitividad se ha agotado, en el 2000 se tenía el 19% de la participación de mercado en la exportación mundial (*market share*) hoy menos del 13% (12.89%), mientras que China pasó del 3.34% a más del 10% (10.36%); lo que lo convierte, sin duda, en el gran triunfador.

Gráfica 1.8
COMPETITIVIDAD REGIONAL
TLCAN vs. CHINA 2000-2010

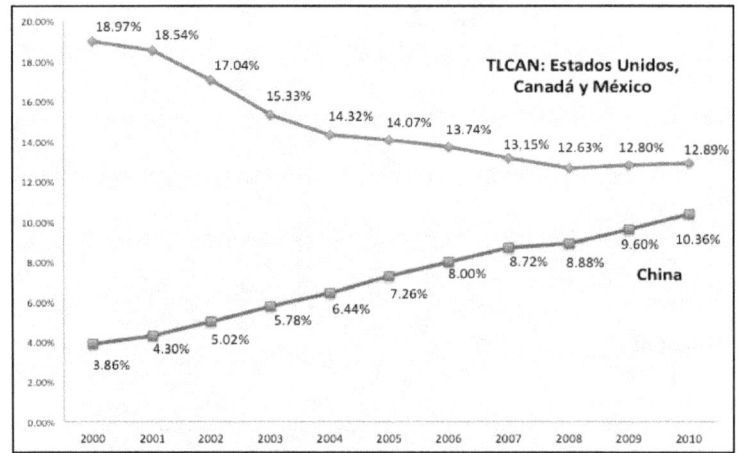

Fuente: Elaboración propia con datos de la OMC.

El Modelo Exportador de Manufactura de Ensamble y la Desindustrialización

Lo anterior demuestra claramente que el Libre Comercio no es una estrategia de desarrollo. Esto es, no es una estrategia que promueva un crecimiento competitivo y sostenido y que permita transformar las ventajas comparativas reveladas en ventajas competitivas sustentables promoviendo un proceso de exportación e industrialización sustentable y adicionalmente con escalamiento en la cadena global de valor. Se requiere en paralelo una estrategia de desarrollo que hoy en las nuevas economías abiertas a la globalización es una estrategia de competitividad sistémica y una política de competitividad industrial y de los sectores productivos de empresas. Esto es, toda una estrategia y política de competitividad que eleve las capacidades competitivas pero en el marco de un crecimiento económico que pueda ser sostenido; que promueva la acumulación de capital, el ahorro y la innovación como fuentes fundamentales del crecimiento y en una economía abierta al mundo global.

Esto sólo puede alcanzarse si la economía es competitiva, esta es la gran diferencia con el viejo modelo de industrialización sustitutivo de importaciones, antes se podía crecer sin ser competitivo (vía el proteccionismo), hoy en las economías abiertas a la globalización no se puede crecer, esto es, incrementar la producción e inversión y menos sustentar a mediano y largo plazo un patrón de crecimiento si no hay competitividad sistémica empresas-clúster-gobierno-país.

Los resultados para México, producto de su pertenencia al TLCAN, no son nada alentadores. El modelo exportador tuvo una baja capacidad de arrastre para el resto de la economía nacional, las exportaciones tuvieron un periodo de crecimiento importante pero actualmente están creciendo a tasas menores a las registradas en la década de los noventa. Además, a pesar de pertenecer al TLCAN, México ha ido perdiendo competitividad mundial. En el mercado estadounidense China nos desplazó debido a la ineficacia de nuestra estrategia de apertura y de impulso a la exportación de manufacturas de ensamble con la maquila.

México ha carecido de una política de Competitividad Sistémica y los resultados son evidentes. No se contó con instituciones fuertes que sirvieran de soporte al TLCAN y esto, aunado a la falta de un verdadero financiamiento al desarrollo de la región que permitiera el fortalecimiento de la infraestructura y la logística, impidieron que el TLCAN incidiera en mayor medida en el fortalecimiento de la competitividad de México. Es por todo esto que el desafío pasar

*El Modelo Exportador de Manufactura de Ensamble
y la Desindustrialización*

del TLCAN I al TLCAN II de la integración comercial a la productiva vía clusters regionales.

China nos desplazó porque cuenta con una estrategia de competitividad basada en polos regionales—clústeres, en un marco de crecimiento macroeconómico altamente competitivo y un ambiente de negocios adecuado. Paradójicamente China, un país comunista cuenta con un ambiente de negocios para las empresas capitalistas mucho más favorable, rentable y seguro que el existente en los países de América Latina.

La importancia de romper con los paradogmas se puede observar también en la última década del entre China y México. En la década que va del 2000 al 2010, China tuvo un crecimiento del PIB de 170% y pasó de ser la sexta a la segunda economía mundial mejorando cuatro lugares; mientras que México creció solo 18.7% y perdió cuatro lugares al pasar de ser la décima economía mundial a la catorceava.

Pero, ¿cuáles son las diferencias en el modelo de pensamiento económico o paradigmas que tiene China siendo socialista que se mueve más rápido y más eficiente que México?, las diferencias son fundamentales. En primer lugar, China tiene una clara visión de futuro, hacia donde quiere llegar y los pasos que debe seguir para lograrlo; mientras que México vive atrapado en el pasado en un paradogma macroestabilizador, por lo que para crecer necesitamos de un nuevo modelo económico que nos lleve a tener un crecimiento competitivo e incluyente apoyado en la reindustrialización como motor principal.

Mientras China reconoce que la guerra ideológica quedó atrás y que ahora la guerra es económica, por lo que actúan con el mayor pragmatismo de acuerdo a las circunstancias. México está atrapado en el dogmatismo y el paradogma de apertura estabilizador. Asimismo, mientras que China está obsesionada con el crecimiento y el empleo y por lo tanto tiene un Estado promotor y activo en la inversión pública e infraestructura como motores del crecimiento; México está obsesionado por la estabilización y tiene un Estado minimalista donde la inversión pública sólo es de 4% del PIB.

Para lograr sus objetivos, China ha fomentado políticas de competitividad, industrialización e innovación y un sistema bancario eficaz con financiamiento y crédito a las empresas. México por el contrario, ha seguido la máxima de que "la mejor política industrial es la que no existe" y únicamente ha buscado la firma de más acuerdos de libre comercio y en la parte financiera bancos internacionales bien capitalizados, pero que no prestan.

Por lo que se refiere a la banca de desarrollo, China ha fortalecido la suya a fin de financiar importantes proyectos de infraestructura; por el contrario México tiene una banca de desarrollo subdesarrollada, atrapada en el pasado sin capital ni líneas de crédito que presta sólo el 2% del PIB.

Finalmente, la política macroeconómica de China tiene como objetivo un crecimiento balanceado, es decir crecimiento de las exportaciones y del mercado interno, así como una macro- bidimensional que busca la estabilidad de precios con crecimiento. Por su parte México, ha buscado un crecimiento basado principalmente en el sector exportador y una macro- unidimensional, donde sólo importa la estabilización de precios y una baja inflación.

El Modelo Económico del Cambio

Tabla 1.1
MODELO DE PENSAMIENTO ECONÓMICO O PARADIGMAS

CHINA	MÉXICO
Visión de futuro	Atrapado por el pasado
Pragmatismo (reconocen que la guerra ideológica quedó atrás y que ahora la guerra es económica)	Dogmatismo (vivimos con el paradogma de apertura estabilizador)
Obsesionados por el crecimiento y el empleo	Obsesionados por la estabilización
Estado promotor y activo Inversión pública e infraestructura motores del crecimiento	Estado minimalista (Inversión pública sólo 4% del PIB)
Política de competitividad, industrialización e innovación	La mejor política industrial es la que no existe, libre comercio y más acuerdos
Sistema bancario eficaz con financiamiento y crédito a las empresas	Bancos internacionales bien capitalizados, pero no prestan
Banca de desarrollo complementaria	Banca de desarrollo subdesarrollada, atrapada en el pasado sin capital ni líneas de crédito presta sólo el 2%
Crecimiento balanceado (crecimiento de las exportaciones y del mercado interno)	Crecimiento sólo hacia afuera, exportador
Macro bidimensional: estabilidad de precios con crecimiento	Macro unidimensional: sólo estabilización de precios

Fuente: Elaboración propia.

El Modelo Exportador de Manufactura de Ensamble y la Desindustrialización

En esta perspectiva, hay que entender la velocidad de cambio: "hoy el pez más veloz se come al más lento"; la velocidad del cambio es de 10 a 1. México perdió su posicionamiento porque basó su ventaja competitiva en factores temporales y no sustentables, lo cual se manifestó ante la entrada de China como nuevo jugador internacional. La fuente de ventaja competitiva sustentable para México ya no puede ser la manufactura de ensamble, la mano de obra barata, las importaciones subsidiadas por un tipo de cambio apreciado –que fomenta la desarticulación productiva--, ni el tener un Acuerdo de Libre Comercio con Estados Unidos. Ahora requerimos un modelo exportador basado en la competitividad sistémica y en nuevas fuentes de ventaja competitiva sustentable fundadas en la mano de obra productiva y en la manufactura de alto valor agregado, esto es la innovación.

En síntesis, se puede decir que ni la apertura ni la estabilización macroeconómica han sido suficientes –aún cuando fueron necesarios– para generar un crecimiento competitivo sustentable; tampoco lo fueron para establecer un modelo de industrialización exportador con capacidad de arrastre interno vía articulación de las cadenas productivas y para enfrentar y reducir las cuatro brechas del desarrollo: crecimiento, competitividad, empleo y equidad.

La estrategia de Industrialización Abierta Tridimensional (IAT)

En este contexto, cuál es el nuevo camino que debe tomar México y la región: la estrategia de apertura debe desechar el falso dilema de crecimiento hacia adentro a través del mercado interno y proteccionismo o crecimiento hacia fuera vía exportaciones y libre comercio, pues el camino debe ser una estrategia de crecimiento balanceado en donde las fuentes del crecimiento sean tanto la locomotora de la demanda externa como la locomotora de la demanda o mercado interno vía la reindustrialización abierta tridimensional (IAT) y el TLCAN II.

En la estrategia de la IAT la industrialización juega el papel del motor del crecimiento y el objetivo es la integración a los mercados globales con articulación productiva interna. Para que sea integral debe actuar en tres vertientes o pivotes:

- El industrial exportador.

- El de sustitución competitiva de importaciones para la articulación de las cadenas productivas.

- El endógeno, como la construcción, para garantizar una dinámica de crecimiento de la demanda interna sustentable.

*El Modelo Exportador de Manufactura de Ensamble
y la Desindustrialización*

Los tres pivotes industriales afectan la posición en la balanza comercial: el exportador, porque genera divisas; de sustitución competitiva de importaciones, porque ahorra divisas, y el sector endógeno, porque encadenada la industria nacional sin utilizar divisas y, en general, está relacionado con el sector de bienes no comerciables o salarios, en especial la industria de la construcción. La dinámica industrial y del empleo tiene que replantearse en estos tres pivotes para devolver a la industria su papel de motor integral del crecimiento.

Replantear la estrategia de crecimiento competitivo con industrialización abierta tridimensional requiere adicionalmente de una política activa de competitividad sistémica. Tres son los objetivos fundamentales de esta política:

- El desarrollo de la competitividad sistémica, dado que en primer lugar las PyMEs tienen que ser competitivas, no sólo para integrarse a la cadena exportadora, sino aún para competir en el mercado interno y desarrollar un proceso eficiente de sustitución competitiva de importaciones, una vez que gocen de un entorno macro industria-economía-país lo suficientemente competitivo para que puedan sobreponerse a la hipercompetencia global con éxito.

- La articulación productiva entre la gran empresa y las PyMEs, así como entre industrias para la formación de clusters que aprovechen las ventajas de las economías de aglomeración sobre las que se desarrollen verdaderos polos regionales de innovación y crecimiento.

- El empleo productivo, permanente y bien remunerado, lo que implica contar con un sistema nacional de educación y capacitación laboral, que pueda proveer de la mano de obra calificada y futuros trabajadores del conocimiento, pero también desarrollando dentro de la empresa una organización de aprendizaje continuo y de formación de capital intelectual: trabajadores del conocimiento con capacidad de aprendizaje e innovación continuos y flexibilidad para el desarrollo de multihabilidades.

CAPITULO II

EL MODELO MACROESTABILIZADOR: ESTABILIDAD SIN CRECIMIENTO

Las etapas de crecimiento y del modelo macroeconómico en México

En los últimos 30 años (1981-2011) la tasa de crecimiento del PIB promedio anual es de alrededor de 2% (2.17%), sin embargo este dato no refleja las diferencias que existieron durante las cuatro etapas en las que se puede sub-dividir y caracterizar este periodo.

En la primera etapa 1982-1988 el estancamiento implico prácticamente cero crecimiento del PIB (0.08%); mientras que en esta última década (2001-2011) el crecimiento promedio del PIB es de 1.7% -menor al promedio de los últimos 30 años-. Por otra parte en los noventas el crecimiento fue superior al 3% (3.2%, 1989-1994 y 3.5% de 1995-2000).

Es así, que para entender el modelo macroeconómico de estancamiento estabilizador que caracteriza a la economía mexicana entre 2001 y 2011 es importante verlo también en retrovisión histórica (1982 y 2011) y hablar de cuatro etapas distintas en el modelo de crecimiento (ver gráfica):

1. *La etapa de estancamiento inflacionario, 1982-1988*: Crisis de 1982 y de la deuda externa.
   PIB 0.08%, INFLACIÓN 95% Promedio.

2. *La etapa de desinflación con reactivación y crisis externa, 1989-1994.*
   PIB 3.2%, INFLACIÓN 17% Promedio.

3. *La etapa de ajuste, crisis bancaria y reactivación con desinflación, 1995-2000.*
   PIB 3.5%, INFLACIÓN 22.1% Promedio.

4. *La etapa del Estancamiento Estabilizador, 2001-2011.*
   PIB 1.7%, INFLACIÓN 4.4% Promedio.

Gráfica 2.1
LAS ETAPAS DE CRECIMIENTO Y DEL MODELO MACROECONÓMICO EN MÉXICO

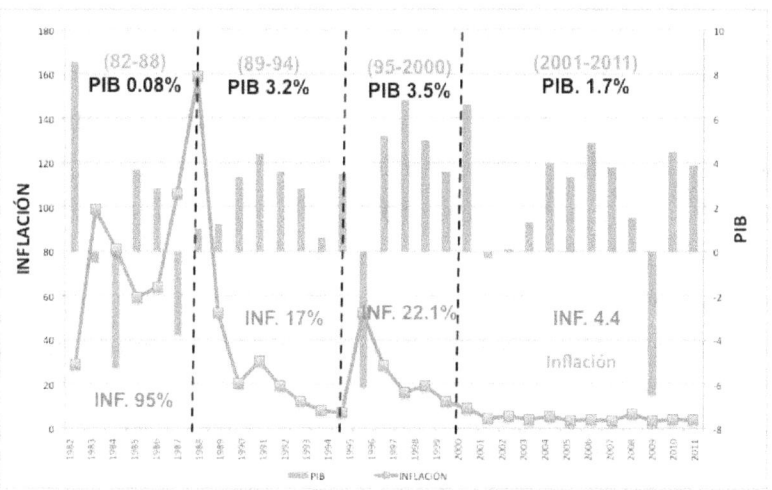

Fuente: Elaboración propia con datos de Banxico e INEGI.

En este contexto, se pueden contrastar las características de la primera etapa (1982-1988) de estancamiento inflacionario con las del estancamiento estabilizador (2001-2011). No obstante que ambas se caracterizan por el estancamiento, pero en términos de estabilidad de precios son radicalmente diferentes ya que mientras que en esta última etapa hay una inflación baja (4.4%) el promedio en la primera es de 95% anual, destacando el año 1987 cuando alcanzó un pico de 3 dígitos (160%), que se conjugó con el "*crash*" de la bolsa en este año.

El Modelo Macroestabilizador: Estabilidad sin crecimiento

Por otra parte las características de la política económica y las causas del estancamiento son radicalmente diferentes. La etapa 82-88 se caracterizó por la crisis externa de 1982, la devaluación y la nacionalización de la banca; aquí el inicio de la crisis de la deuda externa tuvo serias implicaciones en términos del financiamiento externo y del crecimiento. Así, durante este periodo no entró un dólar de financiamiento externo, pero había que pagar el servicio de la deuda por lo que se optó -dadas las circunstancias y la inconveniencia de enfrentar una moratoria al pago de la deuda externa- por un ajuste interno severo.

El programa de ajuste en esta etapa (1982-1988) consistió en generar un superávit en la balanza comercial suficiente para pagar el servicio de la deuda, la pregunta que surge es ¿cómo alcanzarlo si la economía todavía no era competitiva? La respuesta en la práctica fue a través de un proceso de devaluaciones, que aunado al "*crash*" internacional de la bolsa en 1987, generó una inflación de tres dígitos cercana al 160%. Por otra parte, el ajuste cambiario fue acompañado de una política económica de contracción para generar el excedente exportador, dado que la economía no había entrado a un proceso de mayor competitividad. El resultado final fue que el PIB se estancó y el crecimiento fue nulo, de cero por ciento (0.08%).

El Modelo Económico del Cambio

El proceso que se vivió en esta etapa, contrasta con el estancamiento que se generó en el periodo 2001-2011 "estancamiento estabilizador", en donde PIB creció a una tasa de 1.7% con una inflación promedio de 4.4%. En esta etapa el estancamiento es producto del Modelo de Apertura Macroestabilizador por dos razones: el modelo de apertura con desarticulación de las cadenas productivas internas y desindustrialización que originó un bajo multiplicador del crecimiento y, por otra parte, del modelo macroeconómico contraccionista que implica poner un freno de mano a las políticas fiscal, monetaria, cambiaria y salarial.

En otras palabras, en la etapa actual el estancamiento es producto de nuestro propio modelo mientras que en 1982-1988 fue producto del programa de ajuste por la crisis de la deuda externa, que dio lugar a la llamada década perdida en toda América Latina. La diferencia es que en la presente década el crecimiento de 2% promedio es el más bajo de América Latina y sin duda de los llamados BRICs.

Cabe destacar que estas dos etapas 1982-1988 y la actual de estancamiento estabilizador (2001-2011) también contrastan con la llamada etapa del *Desarrollo Estabilizador (1958-1970),* en donde se alcanzaron los dos objetivos de crecimiento (casi el 7% del PIB promedio anual), con estabilidad de precios (inflación del 3%), en un marco de estabilidad cambiaria, pues el tipo de cambio permaneció fijo ($12.5 pesos por dólar); esta etapa fue reconocida internacionalmente como la del "milagro mexicano".

En el inter entre estos dos periodos (1988-2000) encontramos un periodo que hemos caracterizado como de desinflación crisis, ajuste y reactivación, compuesto a su vez por dos sub-periodos (1988-1994 y 1995-2000).

La etapa de 1988-1994 se caracteriza por la desinflación con reactivación y crisis externa, dada la inflación de 3 dígitos en 1987 y su subsecuente reducción en 1988, era lógico esperar que durante este periodo la inflación fuera el objetivo primordial -ya que en 1989 se renegoció la deuda externa con el Plan Brady- a través de toda una estrategia y política de estabilización o desinflación la cual fue altamente efectiva (eficaz), pues para el año 1994 la inflación ya era de tan solo 7%.

No obstante, dado que se utilizó el tipo de cambio como ancla deflacionaria, la apreciación cambiaria llevó a un déficit en cuenta corriente similar al de 1982 (de 6.5% del PIB) esto es de 30,000 millones de dólares que en buena parte fue financiado con los llamados tesobonos durante el último año de 1994, esto es CETES denominados en dólares en los que el gobierno tomaba el riesgo cambiario.

El Modelo Económico del Cambio

Así, para diciembre de 1994 el déficit externo y su financiamiento con crédito de corto plazo fue insostenible y llevó, en primera instancia, a un ajuste en la banda de flotación (el 19 de diciembre de 1994) con el nuevo gobierno de Ernesto Zedillo de 3.5 a 4 pesos por dólar, que dada la existencia de la elevada deuda a corto plazo aceleró una maxi-devaluación en enero de 1995 de 3.5 a 7 pesos por dólar y posteriormente un aumento a más de 100% de las tasas de interés, lo que ocasionó la crisis bancaria.

En síntesis, la crisis externa y el elevado déficit en la balanza en cuenta corriente (6.5% del PIB) fue generado durante el gobierno de Carlos Salinas y el ajuste cambiario en diciembre fue un error de instrumentación que llevo a una maxi-devaluación y la crisis bancaria de 1995 durante el gobierno de Ernesto Zedillo.

El periodo de 1995 a 2000 se caracteriza por ser de ajuste, crisis bancaria y reactivación con desinflación. El ajuste de 1995 con la maxi-devaluación del 100% del tipo de cambio trajo consigo una contracción de la demanda por la que el PIB bajó alrededor de 6.5% (similar a la crisis de 2009) y generó desempleo para más de 1 millón de personas. Apoyado en la línea de crédito que promovió el Presidente Clinton por 50,000 millones de dólares, el gobierno pudo en 1996 reactivar la economía, sin embargo tras el ajuste de 1995 el gobierno dejó que las tasas de interés se elevaran a más de 100% (de una tasa de menos de 20%), lo que implicó que todos los créditos malos y sin garantía empeoraran, pero también que aún los buenos se convirtieran en impagables, lo que dio inicio a la crisis bancaria y al posterior rescate de la banca, que como dijo el ExPresidente Zedillo ha sido de las más costosas, pues fue de alrededor 20% del PIB. La reactivación implicó un crecimiento promedio de 3.5% en este periodo y también una baja en la inflación que en el periodo fue de 22.1%.

El Modelo Macroestabilizador

Como se ha planteado a lo largo del presente libro, el modelo económico seguido en México se ha basado en dos pilares fundamentales: el cambio estructural (apertura al exterior, liberalización de los mercados internos y privatización de la economía) y en la estabilidad macroeconómica.

Se suponía que este modelo nos permitiría transitar del viejo modelo agotado de crecimiento hacia adentro de la industrialización sustitutiva de importaciones (ISI) al nuevo modelo de industrialización exportador (IE) basado en las ventajas comparativas de la región (mano de obra y recursos naturales).

El Modelo Económico del Cambio

La estabilidad macroeconómica se ha cumplido con regular éxito, la inflación reportada para el 2011 fue de 3.82 por ciento, lo que la ubica dentro del rango establecido por el Banxico 3 por ciento±1 por ciento. **No obstante, los resultados de la estrategia de apertura, estabilización macroeconómica y crecimiento hacia afuera no han logrado consolidar un nuevo modelo de desarrollo capaz de generar un crecimiento del producto y del empleo de manera sostenida.**

La industria exportadora se convirtió en una fuente importante del crecimiento económico durante la década de los noventa, pero en los años recientes ha venido presentando un comportamiento menos dinámico asociado directamente con la desaceleración económica y recesión que enfrenta Estados Unidos.

La continua apreciación cambiaria y la ausencia de una política industrial favorecieron las importaciones por lo que gran parte de las exportaciones manufactureras tienen cada vez un mayor contenido importado debido al proceso de desarticulación de las cadenas productivas en la economía mexicana (de sustitución ineficiente de importaciones).

El Modelo Macroestabilizador: Estabilidad sin crecimiento

Es así que la industria maquiladora, después de más de 40 años de existencia continúa siendo de manufactura de ensamble y no ha evolucionado como sí lo hizo en otros países.

Todos los elementos mencionados anteriormente han incidido negativamente sobre el crecimiento de la producción manufacturera. Derivado de lo anterior, la balanza comercial manufacturera ha registrado en años recientes un fuerte déficit.

Por otra parte, las exportaciones manufactureras de la industria no maquiladora presentan un alto contenido importado, producto de un proceso creciente de desarticulación de las cadenas productivas, que no ha permitido a las empresas incorporarse de manera indirecta a la fábrica mundial exportadora.

En conclusión, el modelo industrial exportador es dinámico pero con bajo poder de arrastre interno. Esto es, además de la maquila, que por definición ha sido de manufactura de ensamble (no de paquete completo), el resto de la industria nacional ha venido tendiendo más hacia una industrialización de ensamble de alto contenido importado, ante la ausencia de una estrategia de competitividad vía articulación de las cadenas productivas en el mercado interno y una política de apreciación cambiaria durante más de diez años, producto de un modelo macroestabilizador cuyo único objetivo ha sido el control de la inflación.

El proyecto de industrialización a través de las exportaciones se quedó en la primera etapa de desarrollo, México se convirtió en un simple exportador de mano de obra, vía maquila o a través de la emigración de trabajadores, para poder avanzar a una nueva fase de industrialización será necesario conjugar diversos instrumentos como son la política monetaria, la política industrial y la política educativa para que México pueda insertarse de manera exitosa en la senda del crecimiento económico a través de avances sostenidos en la competitividad.

Para poder avanzar a etapas superiores de desarrollo y construir un nuevo modelo de crecimiento es necesario conocer los fundamentos del actual Modelo Macroestabilizador, que a continuación se presentan.

¿Qué es el Modelo y cómo funciona?

El fenómeno de estancamiento con baja inflación, al que denominamos el estancamiento estabilizador, en contraposición al desarrollo estabilizador de los años sesenta, es resultado de la aplicación del modelo de apertura macroestabilizador; que si bien funcionó como medida de ajuste ante los episodios de hiperinflación y desequilibrio derivados de las crisis recurrentes, ha agotado sus beneficios al provocar bajos niveles de competitividad y desindustrialización. Es decir, se ha convertido en el principal freno al crecimiento, que sumado con el creciente desempleo que ha desembocado en informalidad y emigración de nuestros conciudadanos hacia Estados Unidos, desigualdad y pobreza, muestran que el modelo económico es una auténtica trampa al crecimiento, la competitividad y el empleo productivo.

La estrategia de crecimiento hacia fuera, el modelo de apertura, basada en el dinamismo exportador con la ausencia de una política industrial de articulación productiva condujo a un modelo de manufactura de ensamble que provocó la desarticulación de las cadenas productivas y, con ello, que la inversión tenga un escaso efecto multiplicador sobre la economía nacional. Se confundió el boleto de entrada a la globalización -el TLCAN- con la estrategia del juego y por ello desapareció la política industrial atendiendo al lema: "*la mejor política industrial es la que no existe*", sin antes implementar una política de competitividad sistémica.

De esta manera, se confundió la necesidad de impulsar el desarrollo competitivo de la industria desechando la vieja política proteccionista con sesgo antiexportador y anticompetitiva, y se pasó al otro extremo, a la ausencia de política de competitividad, de innovación y desarrollo tecnológico, que fomente las exportaciones, la integración de las cadenas productivas, la competitividad logística e infraestructura, los tecnoparques y al contrario se cancelaron las políticas e instituciones de fomento como es el caso del Banco Nacional de Comercio Exterior.

Así, mientras en la segunda parte de los años noventa las exportaciones crecieron a una tasa media anual de casi 17 por ciento producto entre otros aspectos de la entrada en vigor del TLCAN, de la significativa devaluación del peso debido a la crisis de 1994-1995, así como de que no se habían incorporado otros jugadores importantes en el comercio mundial como China. Pero, entre 2001 y 2007 las exportaciones sólo crecieron a una tasa de 5 por ciento, dejando de ser el motor dinámico del crecimiento.

Es así, que el **MODELO DE APERTURA MACROESTABILIZADOR Y ESTADO MINIMALISTA** no funciona porque es un modelo exportador de manufactura de ensamble con desindustrialización, ya que confundimos el TLCAN, boleto de entrada al juego de la hipercompetencia con la estrategia de juego.

El Modelo Macroestabilizador: Estabilidad sin crecimiento

Las exportaciones brutas de manufactura son de 180 mil millones de dólares (18% del PIB), pero los insumos de importación son de 155 mil millones de dólares, por lo que las exportaciones netas son sólo de 25 mil millones de dólares (2.5% del PIB). Así, se ha generado un modelo exportador de manufactura de ensamble con muy baja capacidad de arrastre (multiplicador de 1.84). Es decir, de los 100 carros que arrastra la locomotora exportadora 86 son de importación y sólo 14 de producción nacional. Por ello el modelo exportador no tiene capacidad de arrastre y promover el crecimiento.

Lo anterior ha sido resultado de un tipo de cambio apreciado y la falta de una estrategia de competitividad sistémica, es decir la ausencia de una política de competitividad industrial que promoviera la integración y la articulación de las cadenas productivas a lo largo de la cadena de valor, provocaron un sesgo pro importador y finalmente una industrialización de manufactura de ensamble.

Un tipo de cambio apreciado genera una doble carga sobre las exportaciones y los productos nacionales que compiten con las importaciones. Por un lado, las ganancias en productividad de las empresas del país se evaporan con la apreciación cambiaria y por otro resulta más barato comprar productos importados adicionalmente deben sufrirse las ineficiencias de la operación interna de la economía. Un tipo de cambio real competitivo es fundamental para el crecimiento en una economía abierta, como las experiencias de Corea, Taiwán y recientemente China lo han demostrado.

¿Cómo se define el Modelo de Apertura Macroestabilizador?

El modelo macroestabilizador es un modelo macro-unidimensional, en donde el único objetivo es el control de la inflación y las políticas monetaria y cambiaria que pueden impulsar el crecimiento sólo se orientan a la estabilización de precios y la fiscal enfrenta restricciones estructurales.

La estrategia macroestabilizadora mantiene las riendas cortas o freno de mano a las tres políticas (monetaria, cambiaria y fiscal) impulsoras del crecimiento convirtiéndose en la trampa al crecimiento y generando un estancamiento crónico y iatrogénico -la medicina provoca la enfermedad-. Así, las políticas se han manejado para mantener la estabilidad de la siguiente manera:

- Política monetaria: Se tiene un solo objetivo, mantener baja la inflación (alrededor del 45 anual) no importando el costo ni el crecimiento. Así, la política es contraccionista e ineficaz para promover el crédito de la banca comercial a las empresas (de ser 44% del PIB en 1994 pasó al 15%). Por su parte, la banca de desarrollo prácticamente no existe, ya que es 2% del PIB.

- Política fiscal: Ingreso tributario 10% del PIB: gasto público 18%, inversión pública 4% y gasto corriente 14% del PIB. Es un Estado minimalista: baja capacidad del gobierno como promotor del crecimiento y políticas públicas.

- Política cambiaria: "Flotación libre" con apreciación anticompetitiva del tipo de cambio real.

El tipo de cambio real apreciado y de alta volatilidad producto del modelo de "flotación administrada al revés", es decir estableciendo un piso y no un techo, afecta a los precios relativos de la economía y la asignación de recursos en los sectores de los bienes comerciables: exportaciones, importaciones y la sustitución competitiva de importaciones *versus* no comerciables, de tal manera que el productor no recibe las señales de precios adecuadas para una asignación óptima de los recursos en una eco abierta

El Modelo Económico del Cambio

a la globalización y a la competencia internacional.

El enfoque de una flotación administrada al revés, en la práctica opera de la siguiente forma, el banco central entra al mercado de divisas a vender dólares cuando el tipo de cambio se deprecia a una tasa mayor del 2% diario, pero nunca cuando se aprecia. De esta forma en el pasado el tipo de cambio llegó a 15 pesos por dólar; volvió a bajar a 11.50 y hoy nuevamente el tipo de cambio nominal alcanza los 14.40 pesos por dólar y se estima que podrá llegar a 15 pesos por dólar (ver graficas).

El Modelo Macroestabilizador: Estabilidad sin crecimiento

Gráfica 2.2
VOLATILIDAD Y EVOLUCIÓN DEL TIPO DE CAMBIO NOMINAL

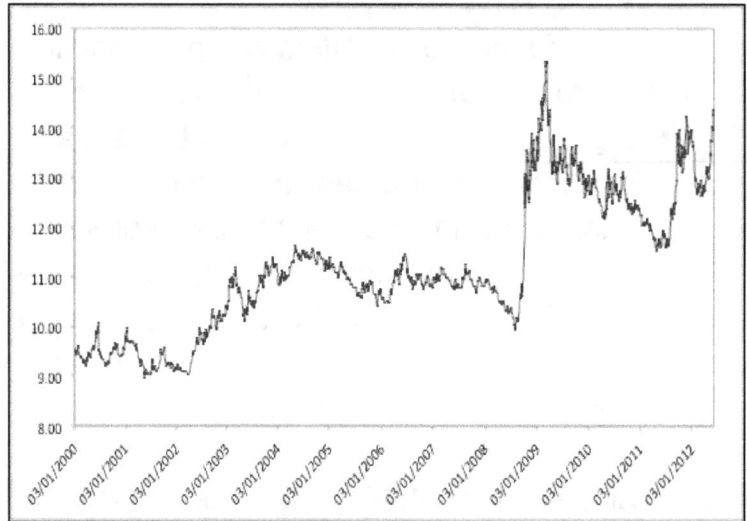

Fuente: Elaborado por CECIC con datos de Banxico.

Así, como se muestra en la gráfica 2.3 sobre la evolución del Índice del Tipo de Cambio Real (ITCR) del Banco de México, en el año 2002 la apreciación cambiaria fue de casi 40%, mientras que para el 2011 fue cercana al 20%.

Gráfica 2.3
ÍNDICE DEL TIPO DE CAMBIO REAL
(1990=100)

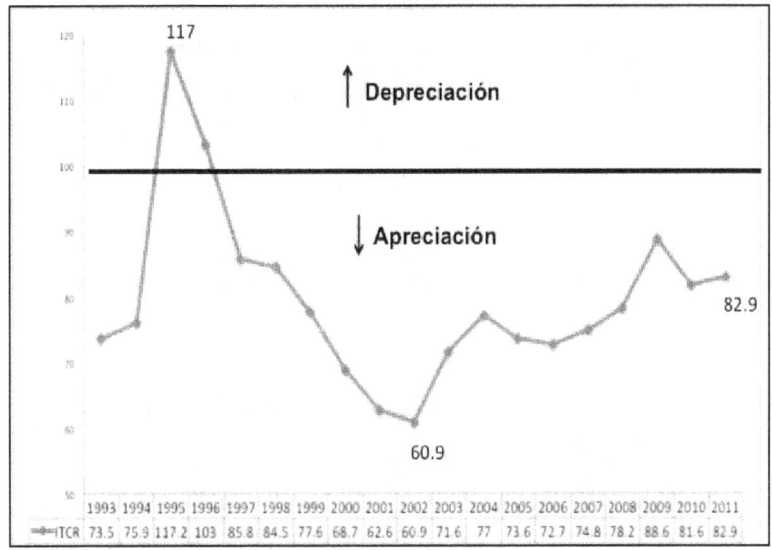

Fuente: Elaboración propia con datos del Informe Anual 2011, Banxico.

En este contexto, como lo plantean la OECD y la CEPAL[3]:

"... si bien en principio los mayores flujos de inversión extranjera son buenos para las economías latinoamericanas, acarrean varios desafíos: mayor volatilidad del tipo de cambio, "enfermedad holandesa" —cuando la apreciación de la moneda nacional daña la competitividad

---

[3] "Perspectivas Económicas de América Latina 2012. Transformación del Estado para el desarrollo", OCDE-CEPAL, 2011, 14 pp.

internacional de las exportaciones de los bienes diferentes de las commodities— y expansiones potencialmente insostenibles del crédito. Los gobiernos deben utilizar los instrumentos que estén a su alcance para contrarrestar la excesiva volatilidad, la presión a la apreciación cambiaria no basada en los fundamentos económicos y la inflación."

El Modelo Macroestabilizador Unidimensional

El modelo macroestabilizador es un modelo macro-unidimensional, en donde el único objetivo es el control de la inflación y las políticas monetaria y cambiaria que pueden impulsar el crecimiento sólo se orientan a la estabilización de precios y la fiscal enfrenta restricciones estructurales.

La estrategia macroestabilizadora mantiene las riendas cortas o freno de mano a las tres políticas (monetaria, cambiaria y fiscal) impulsoras del crecimiento convirtiéndose en la trampa al crecimiento y generando un estancamiento crónico y iatrogénico: la medicina provoca la enfermedad.

El Modelo Económico del Cambio

Política macroeconómica unidimensional

Política monetaria: Un solo objetivo la inflación no importa el costo; contraccionista e ineficaz para promover el crédito de la banca comercial a las empresas (del 44% en 94 al 15% del PIB); la banca de desarrollo prácticamente no existe es 2% del PIB.

Política cambiaria: Flotación administrada al revés (con techo no piso) no "flotación libre" con apreciación del TCR anticompetitiva. Dólar barato y subsidiado y no peso fuerte. Recientemente subasta de 400 mdd. cuando se deprecia en 2% en un día.

Política Fiscal: Ingreso tributario 10% del PIB, gasto público neto 24.3% del PIB, inversión pública 4.5% del PIB y gasto corriente 77.7% del gasto total. Es un Estado minimalista: baja capacidad del gobierno como promotor del crecimiento y políticas públicas. Promover políticas públicas contracíclicas países avanzados gasto público del doble 30-40%.

Política Cambiaria Óptima. Flotación Administrada con Objetivo de un Tipo de Cambio Real (TCR) Competitivo

En una economía abierta el precio más importante y estratégico es el precio del dólar, por ello es importante tomar en cuenta que:

- Un dólar apreciado es un subsidio al dólar y no un peso fuerte.

- Lo que hay que estabilizar es el TCR no el tipo de cambio nominal.

- La volatilidad y apreciación del TCR ha frenado una industrialización y crecimiento competitivo de la economía, la estrategia debe ser una flotación administrada que tenga como objetivo mantener el TCR competitivo.

En síntesis, un modelo de estancamiento económico con desempleo aunque sea estabilizador limita la capacidad política del gobierno para responder a las demandas sociales y promover el cambio institucional y constitucional (reformas) y, finalmente, limita la consolidación y desarrollo de la democracia. Avanzar en la democracia plena y en el mayor desarrollo económico resulta de fundamental importancia para resolver la paradoja entre la mayor

El Modelo Económico del Cambio

democracia en la región latinoamericana y la agudización de los problemas económicos que se traducen en mayor pobreza y marginación social.

CAPITULO III

EL ESTADO MINIMALISTA INEFICAZ

La crisis de 1982 evidenció los excesos de un Estado omnipresente, patrimonialista, sobre-regulador y proteccionista. No obstante, la reacción del gobierno de López Portillo ante la crisis externa y salida de capitales fue un mayor intervencionismo a través del control de cambios y la estatización de la banca.

Así en la década de los ochenta y noventa se avanzó en un proceso de reducción del papel del Estado en la economía en la perspectiva del llamado Consenso de Washington (apertura, liberalización, privatización y estabilización) y en este contexto México se movió en lo que hemos llamado los extremos del péndulo, al pasar de un Estado Omnipresente a un Estado Minimalista.

Sin duda habría que avanzar a una etapa de racionalización del papel del Estado en la economía pues, como ya se dijo, la crisis de 1982 evidenció el agotamiento del modelo proteccionista de crecimiento hacia adentro vía industrialización sustitutiva con sesgo anti-exportador, el excesivo papel del Estado Patrimonialista con más de 1,150 empresas, tanto en plantas nucleares como en la producción de bicicletas un déficit externo de 6.5%

del PIB que llevó a altos niveles de endeudamiento y un déficit fiscal del 16% del PIB. También estaban presentes las ineficiencias de un Estado *sobre-regulador* y burocrático por lo que habría que avanzar a un nuevo esquema de racionalización el papel del Estado en la economía.

En América Latina esta perspectiva fue común bajo el Consenso de Washington, pero México lo llevo al extremo con un *Estado Minimalista Ineficaz* con las siguientes características:

1. El Estado tributario es débil pues tan sólo recauda alrededor de 10% del PIB de ingresos tributarios (2011), con alta dependencia de los ingresos petroleros (7.4%), para un total de ingresos presupuestarios de 21.7%, incluyendo los no tributarios (principalmente de organismos y empresas distintos de PEMEX, ver gráfica 3.1)

Gráfica 3.1
INGRESOS PRESUPUESTARIOS: PETROLEROS, TRIBUTARIOS Y NO TRIBUTARIOS

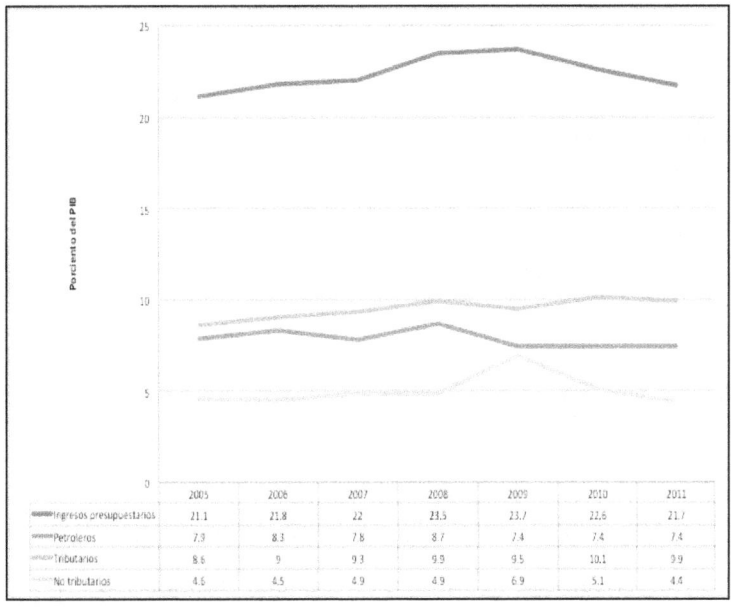

	2005	2006	2007	2008	2009	2010	2011
Ingresos presupuestarios	21.1	21.8	22	23.5	23.7	22.6	21.7
Petroleros	7.9	8.3	7.8	8.7	7.4	7.4	7.4
Tributarios	8.6	9	9.3	9.9	9.5	10.1	9.9
No tributarios	4.6	4.5	4.9	4.9	6.9	5.1	4.4

Fuente: Documento Criterios de Política Económica 2012, SHCP.

2. El Estado promotor, tiene baja capacidad de gasto en inversión pública (4.5% del PIB), de los cuales 2.0% son de inversión de PEMEX. El gasto corriente es 14.2% de un total del gasto programable devengado de 18.9% En síntesis baja capacidad de Estado como promotor de la infraestructura y de servicios sociales como salud y educación (ver gráfica 3.2).

Gráfica 3.2
GASTO PROGRAMABLE DEVENGADO TOTAL, GASTO CORRIENTE E INVERSIÓN FÍSICA

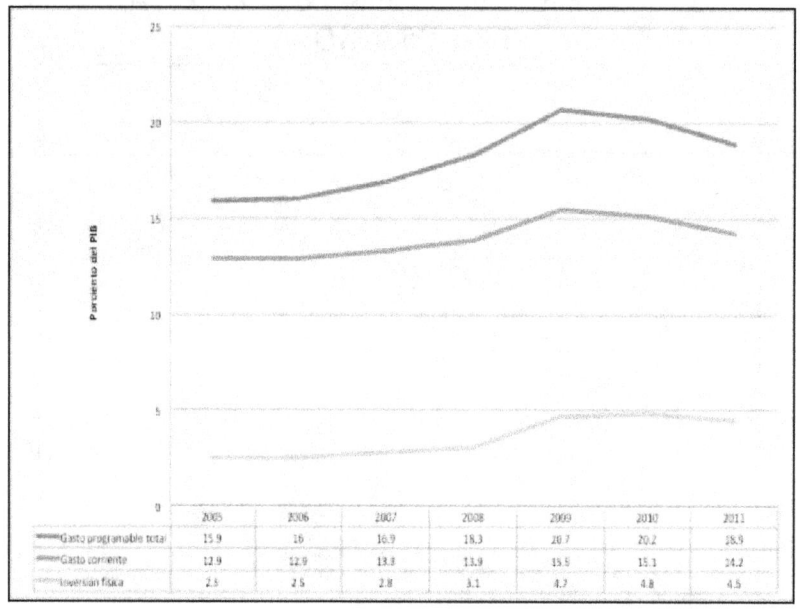

Fuente: Documento Criterios de Política Económica 2012, SHCP.

3. Una banca de desarrollo que solo participa con el 2% del crédito total y principalmente vía factoraje, eliminando su papel de promotor del desarrollo tanto en infraestructura, en la mentefactura e investigación y desarrollo tecnológico para la innovación.

4. Una baja capacidad para instrumentar políticas anticíclicas pues la inversión pública representa solo 2.5% del PIB (sin PEMEX) y

El Modelo Económico del Cambio

el gasto público total (programable y devengado) alrededor del 20% (ver los años 2009 y 2010 en la gráfica 3.2). Así, el gobierno no tiene capacidad de respuesta ante los ciclos recesivos de los Estado Unidos para reactivar la demanda y mercado internos. El déficit fiscal del gobierno federal es de solo 0.5% del PIB (de 2.5% incluyendo a PEMEX), pues el gobierno funciona con un esquema de presupuesto balanceado dada la Ley de Responsabilidad Fiscal de 2006, por lo que no puede aumentar el gasto sin obtener mayores ingresos y/o aumentar la deuda pública en el mediano plazo.

5. Deuda pública externa e interna relativamente baja (alrededor de 40%), pero no se utiliza para promover el desarrollo; en otras palabras, el financiamiento del gobierno no hay que utilizarlo para financiar el gasto corriente pero sí la inversión productiva y rentable que puede generar ingresos propios para pagar el financiamiento y no aumentar la deuda.

6. El Estado regulador es débil ante la existencia de monopolios, oligopolios y prácticas anticompetitivas. En México actualmente existen en los sectores de telecomunicaciones, petróleo, la banca, entre otros. Esto muestra una gran debilidad del

Estado para ejercer su política de regulación del mercado. El Estado débil no controla, ni regula, ni evita las imperfecciones del mercado. *"Se estima que una tercera parte del gasto promedio de los mexicanos se pierde por falta de competencia."* [4]

En este contexto desde 1997 el Banco Mundial en su informe anual *"El Estado en un Mundo en Transformación"*, planteó que el enfoque de pasar a *"una intervención del Estado mínima o nula"* esto es a un Estado Minimalista estaba equivocado históricamente, puesto que el desarrollo económico, social y sustentable de las naciones ha requerido y requerirá de un Estado eficaz tanto en su papel promotor como regulador de la economía y proponía, en este contexto, promover un rol del Estado más activo en sus tres roles de promotor, regulador y administrador y proveedor de servicios públicos.

La crisis global financiera y económica de 2008-2012 evidenció que el paradigma del *"mercado libre autoregulado"* (Alan Greenspan) y *mínima intervención del Estado* fracasó y llevó a la crisis más profunda tanto financiera como recesiva en este siglo, comparada con la Gran Depresión de

---

[4] "Política industrial, tecnológica y turismo: competitividad y competencia para un mercado interno ampliado", pág. 29 en "El Futuro que Vemos", Fundación Colosio, 2012.

El Modelo Económico del Cambio

1929. La salida de la crisis implicó un nuevo rol del Estado y mayor intervención para poder rescatar las economías industrializadas de los Estados Unidos y la Eurozona y ha implicado la nacionalización temporal de la banca, un banco central heterodoxo tanto para financiar al gobierno federal como a los bancos, a las empresas y a las industrias como ha sido la automotriz General Motors y un mayor gasto público para evitar pasar de la recesión a la depresión.

Recientemente en un estudio conjunto de la OECD y la CEPAL titulado "Transformación del Estado para el Desarrollo" (2011), se afirma que es necesario fortalecer el rol del Estado no sólo a través de las políticas macroeconómicas sino también del desarrollo:

> "... para poder avanzar hacia sociedades más equitativas e incluyentes, no basta solo con las políticas sociales de los últimos años. El Estado tiene además que fortalecer la calidad y efectividad de las políticas monetaria y fiscal, así como promover activamente la educación, la inversión en infraestructura e innovación y el desarrollo productivo." [5]

---

[5] "Perspectivas Económicas de América Latina 2012. Transformación del Estado para el desarrollo", OCDE-CEPAL, 2011, p. 18.

Sin embargo, en nuestra perspectiva tendremos que ver un nuevo balance entre el rol del Estado, el mercado y la sociedad en la economía que es lo que hemos llamado la Economía Participativa. En esta perspectiva México no puede salir del estancamiento crónico si no avanzamos de un Estado minimalista a un *Estado eficaz, eficiente y transparente que implica tener los nuevos atributos IFAT: Inteligente, Flexible, Ágil y Transparente* (Pilar 7 en Parte II).

Del Estado Obeso y Patrimonialista al Estado Minimalista

El Estado Minimalista que se ha construido es frágil y sin capacidad de inversión en infraestructura y el desarrollo productivo. México pasó de ser un estado patrimonialista, cuyos egresos rondaban el 40% del PIB, a uno que gasta alrededor del 20% del PIB, en su mayoría gasto corriente de (15.5%, en parte improductivo) y muy baja inversión pública (4.5% del PIB) necesaria para el desarrollo de la competitividad logística, en infraestructura, educación y salud. Esto contrasta desfavorablemente con China y Corea, países que invierten en infraestructura entre el 5 y 6% del PIB, en tanto México y América Latina lo hacen en menos del 2%. Así, el nivel del gasto de México comparado con los países de la OECD y América Latina es uno de los más bajos (ver gráfica 3.3).

Gráfica 3.3
EL GASTO PÚBICO ES MENOR EN MÉXICO Y AMÉRICA LATINA, 2009
(Porcentajes del PIB)

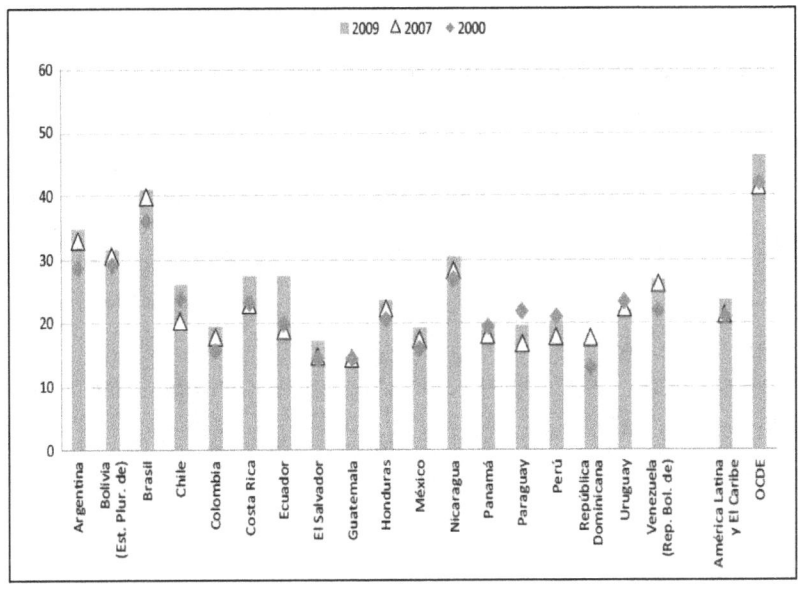

Fuente: "Perspectivas Económicas de América Latina 2012. Transformación del Estado para el desarrollo", OCDE-CEPAL, 2011.

Como se puede observar, para la OECD el promedio del gasto público total es alrededor del 45% del PIB, mientras que en Brasil es superior al 40% y del 35% para Argentina; esto es, en México el gasto público total representa la mitad de estos países. En general el gasto en los países de

América Latina es menor que en los países de la OECD.

De la inversión total bruta —que representa 21% del PIB—, 16.5% es privada y 4.5% pública (incluyendo PEMEX con el 2%); esto es, la inversión pública del gobierno federal es solo de 2.5% del PIB, que es mínima comparada con los países de la OECD. Cabe destacar la fragilidad de los ingresos del gobierno, en los que el 10% del PIB son tributarios, captando ingresos petroleros de entre 7.5 y 8%, evidenciando la petrolización de las finanzas del gobierno. Como lo señala el Centro de Estudios Económicos del Sector Privado (CEESP), *"Debido a que en los últimos años los ingresos petroleros crecieron más que los no petroleros, se acentuó la dependencia de las finanzas públicas sobre el petróleo. Para el 2008 casi el 40% de los ingresos públicos provinieron de esta fuente lo que refleja un sector público virtualmente petrolizado."* [6]

Así, de los ingresos totales del gobierno, los tributarios representaron tan sólo 10% del PIB, en tanto los petrolero 8.0%. En otras palabras, Pemex aportó al total de los ingresos públicos un monto similar a la captación por ingresos tributarios correspondientes a los impuestos Sobre la Renta

---

[6] "Por una reforma integral de las Finanzas públicas", CEESP, 2012, p. 22.

El Modelo Económico del Cambio

(ISR), Valor Agregado (IVA), Importaciones, entre otros.

Es decir, hemos llegado a un Estado minimalista frágil y sin capacidad de inversión, no sólo en infraestructura, sino en la necesaria para satisfacer los mínimos de educación, salud y seguridad pública factores estratégicos del capital social básico para el crecimiento y la inversión. Además:

> *"La inversión pública se ha mantenido como un mero residuo o remanente, es decir es lo que resulta de establecer los "techos presupuestales menos el gasto "irreductible", el cual ha sido incapaz de proporcionar una eficiente infraestructura económica y social que permita mejorar la competitividad del país y atender la provisión eficaz de los servicios públicos que la población demanda.[7] Las cifras indican que mientras los ingresos petroleros pasaron de representar 7.0% del PIB en 1992 a 10.5% en 2008, el gasto corriente se elevó de 12.6% a 16.8%, en tanto que la inversión física se mantuvo en 3.7%."*[8]

---

[7] *Op. Cit.* p. 10.

[8] *Ibidem*

Así en México el Estado Fiscal minimalista es el más limitado respecto a los países de la OECD y aún de América Latina (ver gráficas 3.4 y 3.5).

Gráfica 3.4
INGRESOS TRIBUTARIOS DE DIVERSAS FUENTES
EN PAÍSES SELECCIONADOS (2008)

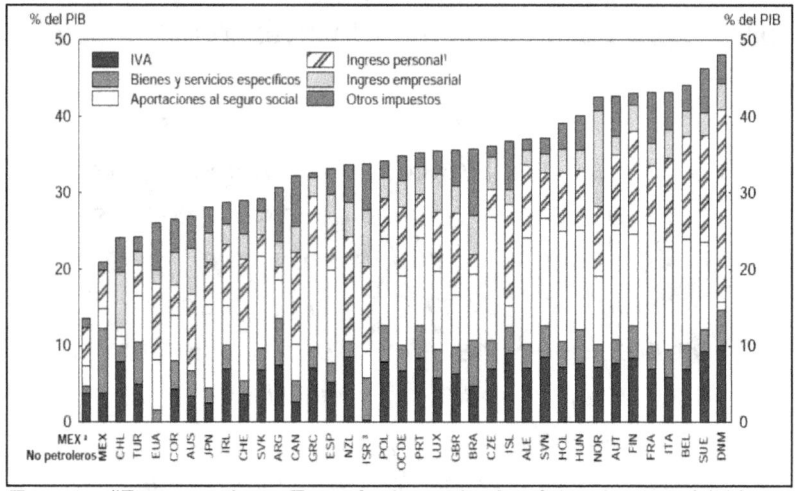

Fuente: "Perspectivas Económicas de América Latina 2012. Transformación del Estado para el desarrollo", OCDE-CEPAL, 2011.

En países avanzados la recaudación fiscal es mayor al 40% del PIB; es decir el doble de la de México. En tanto que en países como Brasil y Argentina es de alrededor del 30% del PIB, es decir 1.5 veces más.

El Modelo Económico del Cambio

Gráfica 3.5
LA RECAUDACIÓN IMPOSITIVA EN AMÉRICA LATINA
(Ingresos públicos tributarios como porcentaje del PIB, 2008)

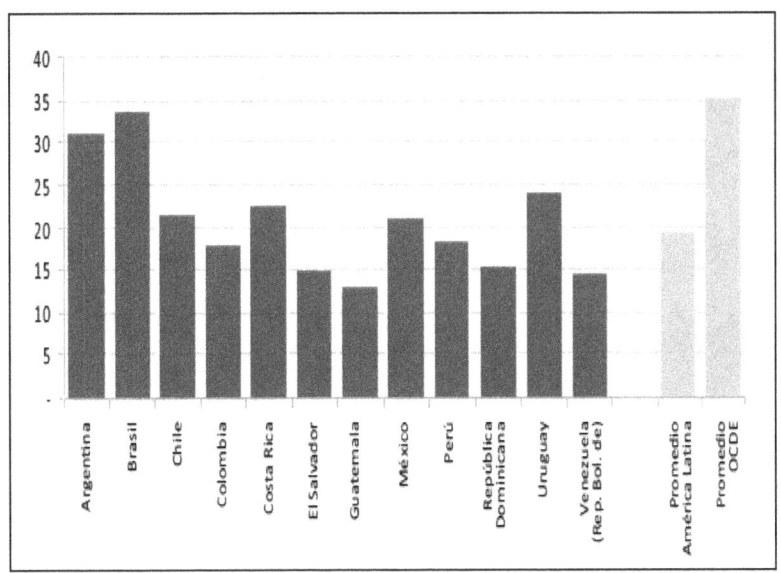

Fuente: "Perspectivas Económicas de América Latina 2012. Transformación del Estado para el desarrollo", OCDE-CEPAL, 2011.

En este sentido, la recaudación tributaria en América Latina no solamente es baja, sino que las bases imponibles son pequeñas y están sesgadas hacia impuestos no progresivos. Con la excepción de algunos países del Cono Sur, como Argentina, Brasil y Uruguay, que tienen una recaudación en torno al 30% del PIB, similar al promedio de los países de la OCDE.

En esta perspectiva, México no puede avanzar a un crecimiento competitivo, pleno, sostenido e incluyente sin realizar una reforma fiscal integral que tome aspectos que mejoren la eficacia y la eficiencia tanto del gasto como de los impuestos. En este contexto la OECD ha planteado para México una serie de líneas de acción que mejorarían el rol del Estado fiscal (ver recuadro 3.1).

El Modelo Económico del Cambio

Recuadro 3.1
PRINCIPALES RECOMENDACIONES PARA AUMENTAR LA EFICIENCIA DEL GASTO Y LOS IMPUESTOS

- Aumentar las transferencias de efectivo a los pobres, por ejemplo a través de Oportunidades o mediante la introducción de un esquema de asistencia social.
- Eliminar de forma gradual los subsidios a la energía, así como la tasa cero y las exenciones dentro del IVA.
- Evaluar todos los regímenes tributarios empresariales especiales y conservar sólo aquellos que hayan demostrado su eficacia.
- Fortalecer la ejecución de la normatividad tributaria del régimen de pequeño contribuyente y considerar el requisito de reclasificación después de algunos años o la aplicación de una cláusula de vigencia.
- Evaluar el subsidio para el empleo y considerar dirigirlo más hacia las personas de menores ingresos.
- Transitar hacia un gravamen a todos los renglones salariales a la misma tasa.
- Evaluar el impuesto empresarial a tasa única (IETU). En el largo plazo, considerar cambiarlo por un impuesto a las empresas más sencillo, pero mantener vigente el IETU, a menos que la base tributaria del sistema regular pueda ampliarse de manera significativa. Considerar el IETU como el único impuesto empresarial solo si no lleva a faltantes de recaudación.
- Los gobiernos subnacionales deberían aumentar su propia recaudación tributaria. Una manera de lograrlo sería fomentando que los estados implementaran programas para que los municipios actualizaran sus catastros.
- Mejorar la administración tributaria.

Fuente: "Perspectivas Económicas de América Latina 2012. Transformación del Estado para el desarrollo", OCDE-CEPAL.

El nuevo rol del Estado en la economía global del Siglo XXI

La nueva economía global se caracteriza por la globalización de los mercados, el cambio continuo e incierto que ha llevado a que los países seamos más interdependientes y vulnerables a los choques externos. En las economías nacionales como la de mexicana, las demandas ciudadanas son cada vez mayores y diversas y los recursos son limitados ante la falta de una reforma fiscal integral.

Como lo plantea OECD y la CEPAL el Estado moderno no puede limitar su transformación solo a tratar de hacer mejor lo del pasado, sino que debe enfrentar nuevos roles de manera más efectiva, en donde sin duda su papel promotor, regulador, administrador y proveedor de servicios públicos son fundamentales. Es así que sobre este tema, ambos organismos enfatizan:

> *"La transformación del Estado no puede limitarse a hacer mejor, y de manera más transparente, lo que ha venido haciendo hasta ahora, sino que tiene que identificar nuevas estrategias para definir y alcanzar objetivos prioritarios. Hay tres áreas clave para apoyar un crecimiento sostenible e*

El Modelo Económico del Cambio

inclusivo: educación, infraestructura y desarrollo productivo e innovación." [9]

En este contexto, el rol de promotor del crecimiento a través de la inversión pública y privada sin duda es un nuevo rol fundamental del Estado, pero tiene que avanzar en sus mecanismos de gestión y coordinación de la inversión pública y privada -por ejemplo en infraestructura- con una visión de largo plazo y mecanismos eficientes de participación de los sectores, como lo plantea la OECDE-CEPAL

"América Latina necesita mejorar el marco normativo para fortalecer los procesos de planificación y gestión de la inversión en infraestructura con una visión de largo plazo." "A su vez, es fundamental perfeccionar los incentivos y las normas que regulan la participación del sector privado en la inversión, gestión y provisión de infraestructuras." [10]

En México la inversión pública del gobierno federal además de ser muy baja (2.5% y 2% de Pemex), carece de una planeación estratégica que establezca las prioridades y de una evaluación de

---

[9] "Perspectivas Económicas de América Latina 2012. Transformación del Estado para el desarrollo", OCDE-CEPAL, 2011, p.18.

[10] *Op. Cit.* p. 21.

proyectos que mida su rentabilidad de mercado y social. Más aún, desde que desapareció la Secretaría de Programación y Presupuesto la programación de la inversión en los sectores estratégicos (energía, telecomunicaciones, transportes, puertos industriales, entre otros) se ha convertido en una mera variable residual, pues después de establecer los gastos irreductibles y fijar el techo presupuestal lo que "queda" es lo que se destina a la inversión pública.

Así, es fundamental crear una nueva **Comisión de Inversión Pública** que pueda plantear los proyectos estratégicos y las fuentes de financiamiento en una visión multianual y de largo plazo; esto es para convertir la inversión pública en una palanca de desarrollo, no solamente habría que aumentarla (entre 6 y 8% del PIB) sino promoverla eficaz y eficientemente.

El Estado promotor del Sistema Nacional de Innovación y fomento a la inversión en investigación y desarrollo

El crecimiento de la economía finalmente se da a través de la acumulación de capital (más inversión y nuevas empresas) y/o más productividad; es decir, con el mismo capital poder ser más eficiente e innovador para producir más. Así, en América Latina:

El Modelo Económico del Cambio

> *"La brecha de productividad es un problema persistente que refleja la baja diversificación de las economías de la región, su especialización en sectores no intensivos en tecnología y la escasa inversión en investigación y desarrollo y en innovación."* [11]

En esta perspectiva, México presenta un rezago que es fundamental revertir para promover la nueva etapa de crecimiento competitivo. Así, la inversión en investigación y desarrollo no solo es la menor de la OCDE (en el 2008 invertía el 2.3%) sino del promedio de América Latina (0.6%), pues México tuvo una inversión promedio de 0.4% del PIB. En este renglón habría que triplicar la inversión desarrollando y fortaleciendo el Sistema Nacional de Innovación, así como el apoyo financiero para incentivar en las empresas la innovación a través de la investigación y desarrollo.

---

[11] *Ibidem* p. 22.

El Estado redistribuidor del ingreso y proveedor de servicios públicos

Una función importante del Estado no es sólo captar ingresos sino ejercer un gasto redistributivo a través de una política de salud y educación para la población de más bajos ingresos y proveerle los servicios básicos de agua, alimentación, salud y vivienda. En este contexto el Estado tiene muy poca capacidad de invertir para lograr estos objetivos pues la mayoría se va a gasto público que no es del todo productivo.

Después de los procesos de racionalización de la participación directa del Estado, éste participa solo en las áreas consideradas como prioritarias y estratégicas. El paso adicional consistirá en que se logre un proceso de privatización, no de los activos, sino del *management* de las empresas públicas en las áreas donde el sector público tiene que aparecer -por razones de soberanía y seguridad o por ausencia de actores privados, entre otras-, como proveedor de los servicios públicos. ¿Qué quiere decir esto?, que las decisiones estratégicas y fundamentales de la empresa pública en sus diferentes áreas, desde la producción hasta la comercialización, se decidan con autonomía y en función de los intereses de la empresa y no en instancias centrales reguladoras. De aquí la importancia de los nuevos esquemas de inversión público-privado no sólo para la infraestructura sino también para la prestación de algunos servicios públicos.

Las empresas públicas estratégicas (que permanecen después de las privatizaciones, como Pemex en México) están sobrerreguladas y presionadas por la competencia internacional; esto crea la necesidad de "privatizar su *management*" (no la propiedad) para que pueda jugar al mercado. La privatización del *management* implica que las empresas públicas actúen como organizaciones aprendientes del conocimiento, por lo que en este campo se abre una gran vertiente para la reforma y modernización del sector público en los procesos de reforma del Estado.

Un ejemplo de la falta de una buena administración de los recursos que aportan empresas como Pemex a las finanzas públicas, es que en sólo tres años del (2006 al 2008), el valor total de las exportaciones de petróleo y derivados alcanzó una cifra de más de 130 mil millones de dólares, ligeramente superior a lo que se había obtenido por el mismo concepto en siete años anteriores (1999 al 2005). No obstante, en los últimos nueve años una buena parte de los 270,000 millones de dólares de renta petrolera –no de ingreso, de renta- se malgastó, pues no se convirtió en infraestructura, empleos permanentes ni elevó los índices de la educación, ni capacitó a los mexicanos.[12]

En este contexto, la modernización de Pemex no debe limitarse a la apertura a realizar alianzas estratégicas no subordinadas con otras empresas petroleras que permitan aumentar su inversión en tecnología, sino implica también una verdadera autonomía de gestión en donde la planeación estratégica de la empresa a 5, 10 y 20 años pueda ejecutarse sin las limitaciones que establece el equilibrio presupuestal por parte de la Secretaría de Hacienda y Crédito Público (SHCP).

Como garante de la gobernabilidad y de la seguridad ciudadana

Ante la complejidad de la vida urbana, de la demanda de servicios y del incremento de las tensiones socioeconómicas entre las diversas regiones y estratos sociales que ha provocado el crecimiento anárquico y desordenado, poca o nula atención se ha prestado al desarrollo integral del ser humano; por lo tanto, se requiere de una reingeniería estatal que garantice la gobernabilidad y la seguridad ciudadana.

---

[12] *Ibidem* p. 4.

El Modelo Económico del Cambio

Esta exigencia rechaza la falsa salida de un Estado que garantice la gobernabilidad y la seguridad ciudadana basadas exclusivamente en acciones de fuerza o endurecimiento de sus instancias represoras; por lo tanto en la reforma estatal se debe reconstruir el tejido social que el estancamiento crónico, el desempleo y la pobreza, ha dañado y que se manifiesta en las inequidades económicas y en los problemas sociales, en la delincuencia, el crimen organizado, la drogadicción y la prostitución, entre otros, que deterioran al núcleo fundamental de la sociedad: la familia.

En conclusión, el punto central no es pasar de una economía estatista a una economía de laissez-faire y del Estado mínimo, sino a una nueva economía participativa de mercado en la que se corrijan los excesos del Estado (sobreprotección y sobre-regulación). Pero en esos nuevos mercados liberados, se necesitan políticas deliberadas del Estado para alcanzar su eficiencia integral, y se re encuentren el Estado y el mercado con la Sociedad.

Un Estado que deje su función controladora y burocrática, por una esencialmente promotora que pueda crear, junto con los demás actores, un marco institucional jurídico admisible que genere eficiencia y competitividad y promueva un desarrollo participativo.

Hay que pasar a otro modelo que equilibre la función del mercado, el Estado y la sociedad, articulando el papel de las tres manos: la mano invisible del mercado para promover la eficiencia en la asignación de los recursos; la mano promotora del Estado para el fomento al crecimiento sostenido y el desarrollo sustentable; y la mano solidaria de la sociedad para promover la equidad distributiva y el balance entre Estado y mercado.

Hacia un nuevo Estado eficaz, eficiente y transparente

El nuevo rol del Estado y hacerlo eficaz, eficiente y transparente requiere de adoptar un nuevo modelo de gestión pública que promueva la modernización del gobierno en sus diversas funciones en la economía y la sociedad.

La filosofía del Estado minimalista no se limitó a reducir el papel del Estado hasta casi nulificarlo -como lo decía el Banco Mundial- sino que también olvidó modernizarlo y profesionalizar los servicios y a los servidores públicos.

Por ello, en esta nueva era de la globalización y el Siglo XXI el objetivo es modernizar al Estado y convertirlo en un Estado esbelto (sin grasa), no burocrático, con capacidad de ser eficaz (alcanzar los objetivos de la política pública) y eficiente (con el menor costo y sacrificio de recursos posible); pero también transparente en el ejercicio y utilización de los recursos públicos. El viejo modelo minimalista y burocrático debe ser sustituido por un nuevo Estado moderno eficaz, eficiente y transparente, basado en un nuevo modelo de gestión pública que implica un cambio de paradigma. El Estado debería desarrollar nuevos atributos en su gestión pública que llamamos IFAT: Inteligente, Flexible, Ágil y Transparente (ver Parte II, Pilar 7).

El Modelo Económico del Cambio

CAPITULO IV

RESULTADOS DEL MODELO MACROESTABILIZADOR EN EL EMPLEO, SALARIOS Y POBREZA

El empleo

Uno de los efectos más directos del desempeño de la economía sobre los ciudadanos se da a través del mercado laboral. El contar con un empleo digno permite a las familias contar con los satisfactores para cubrir sus necesidades. Así, la generación de empleos de calidad bien remunerados es uno de los grandes retos para la consolidación de un desarrollo económico equitativo e incluyente.

En nuestro país, esta meta no se ha cumplido; en este sexenio tan solo se generaron 1,700 mil nuevos empleos. A pesar de que la economía mexicana ha logrado la estabilidad macroeconómica, esto no se ha reflejado en una tasa de crecimiento que permita la generación de empleos suficientes para absorber al creciente número de jóvenes que se incorporan al mercado laboral.

Resultados del Modelo Macroestabilizador

La dinámica del crecimiento de la población en México ocasiona que cada año alrededor de 1 millón de jóvenes busquen incorporarse a la vida productiva nacional, sin embargo, las plazas de trabajo creadas no son suficientes.

En este contexto, una de las variables más relevantes en este tema es la evolución trimestral de la tasa de desocupación[13] entre 2005 y 2011. La tasa de desocupación promedio entre 2005 y el segundo trimestre de 2008 fue de 3.6 por ciento; sin embargo, en el tercer trimestre de 2008 (cuando inició la crisis económico-financiera) ésta aumentó a 4.2 por ciento, 0.7 puntos porcentuales más con respecto al trimestre inmediato anterior.

A partir del tercer trimestre de 2008 y hasta el tercer trimestre de 2009 mostró cierta recuperación, pero en el tercer trimestre de 2009 se observó la mayor contracción en el empleo, cuando alcanzó una tasa de desocupación de 6.2 por ciento (ver gráfica).

---

[13] Porcentaje de la población económicamente activa (PEA) que se encuentra sin trabajar pero que está buscando trabajo.

Gráfica 4.1
TASA DE DESOCUPACIÓN TRIMESTRAL
(Primer trimestre 2005-segundo trimestre 2011)

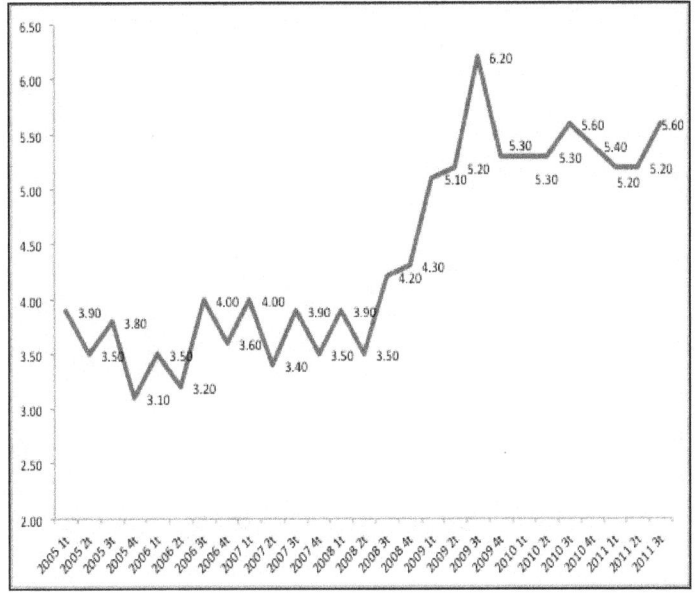

Fuente: Elaboración propia con base en "Informe de Evaluación de la Política Social en México", CONEVAL, 2011.

Si bien las tasas de desocupación se redujeron en 2010 y 2011 respecto a la observada en el tercer trimestre de 2009, éstas se han mantenido a un nivel mayor a las registradas antes de 2009. En el tercer trimestre de 2011 fue de 5.6 por ciento, mientras que para el mismo trimestre de 2007 fue de 3.9 por ciento.

Cabe destacar que si bien las tasas trimestrales de crecimiento de la economía durante 2010 y 2011 han sido mayores que el crecimiento que se

Resultados del Modelo Macroestabilizador

observó previo a la crisis, la recuperación del mercado laboral ha sido más lenta, de ahí que la tasa de desocupación sea mayor ahora que la observada antes de la crisis financiera. Es decir, aunque se ha observado una recuperación general en los diferentes indicadores económicos, ésta no ha sido sostenida ni suficiente para regresar a la situación registrada antes de 2008.

Al examinar la evolución del empleo entre 2000 y 2011, se observa que es creciente la población económicamente activa (PEA) [14], pero que el empleo se mantiene prácticamente estancado. Destaca que alrededor del 30% de la PEA tiene un empleo informal que no cuenta con condiciones adecuadas para garantizar el bienestar de las familias.

---

[14] Se define población económicamente activa como aquella que durante el periodo de referencia realizaron o tuvieron una actividad económica (población ocupada) o buscaron activamente realizar una en algún momento del mes anterior al día de la entrevista (población desocupada).

Gráfica 4.2
DINÁMICA DEL EMPLEO, 2000-2011

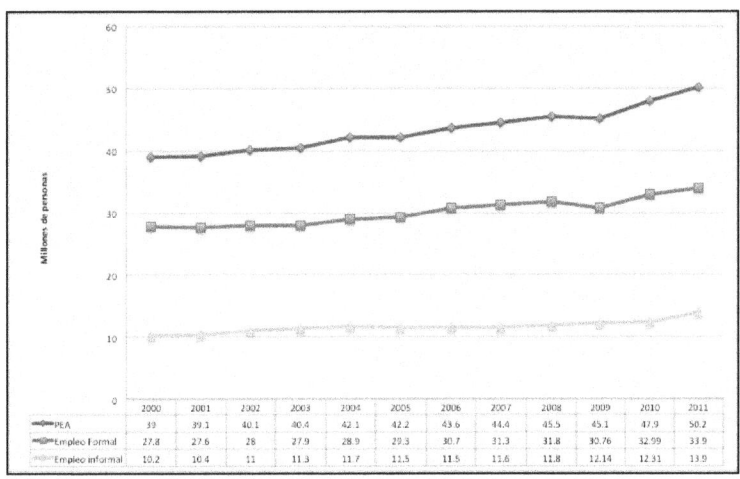

* Datos al primer trimestre de 2009.
Fuente: Elaboración propia con datos de INEGI.

Por otra parte, una forma de medir la calidad del empleo formal es a través de los afiliados al Instituto Mexicano del Seguro Social (IMSS). En la siguiente gráfica se puede observar que también se encuentra estancado (aunque se observa un incremento en los afiliados en 2011, 15.2 millones de trabajadores) y que muchos de estos empleos son eventuales, lo que representa un problema para la estabilidad y seguridad de las familias (ver gráfica).

Gráfica 4.3
CALIDAD DEL EMPLEO
(Trabajadores afiliados al IMSS, permanentes y eventuales)

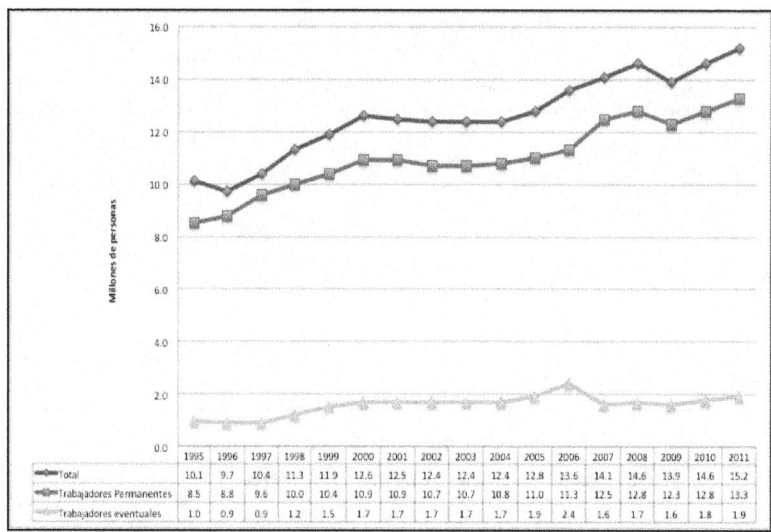

Fuente: Elaboración propia con datos del IMSS.

Finalmente, por lo que respecta a la generación de empleos afiliados IMSS al también disminuyó en 2009 (-441,448 empleos), por lo que el promedio de empleos afiliados al IMSS en el periodo 2001-2010 fue de solo 210,355 empleos (ver gráfica).

El Modelo Económico del Cambio

Gráfica 4.4
EMPLEO FORMAL:
GENERACIÓN DE EMPLEOS AFILIADOS AL
IMSS, 2001-2011

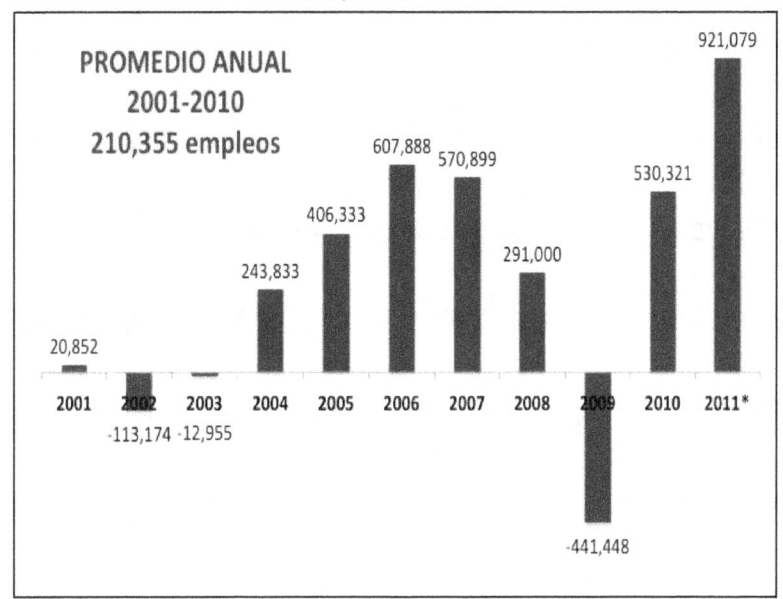

Fuente: Elaboración propia con datos de la STPS.

En conclusión, los datos nos muestran claramente que el Modelo Macroestabilizador no ha sido capaz de generar la cantidad de empleos suficientes ni tampoco para elevar la calidad de los mismos, lo que incide directamente en el bienestar de los mexicanos y en la fortaleza del mercado interno.

Resultados del Modelo Macroestabilizador

Los salarios

Además de tener un empleo se requiere que este sea remunerativo, es decir que el salario que percibe cada trabajador sea suficiente para cubrir sus necesidades y las de sus familias. Por ello la figura del salario mínimo se estableció bajo el principio de que el salario mínimo deberá ser suficiente *"...para satisfacer las necesidades normales de la vida del obrero, su educación..."[15]*.

No obstante, la falta de crecimiento y las crisis económicas recurrentes han traído como consecuencia no solo el estancamiento del mismo sino incluso una caída en el salario mínimo real (ver gráfica)

---

[15] Se establece con la promulgación de la Constitución General de la República publicada en el Diario Oficial de la Federación del 5 de febrero de 1917, específicamente en el artículo 123, fracción VI.

Gráfica 4.5
EVOLUCIÓN DEL SALARIO MÍNIMO REAL

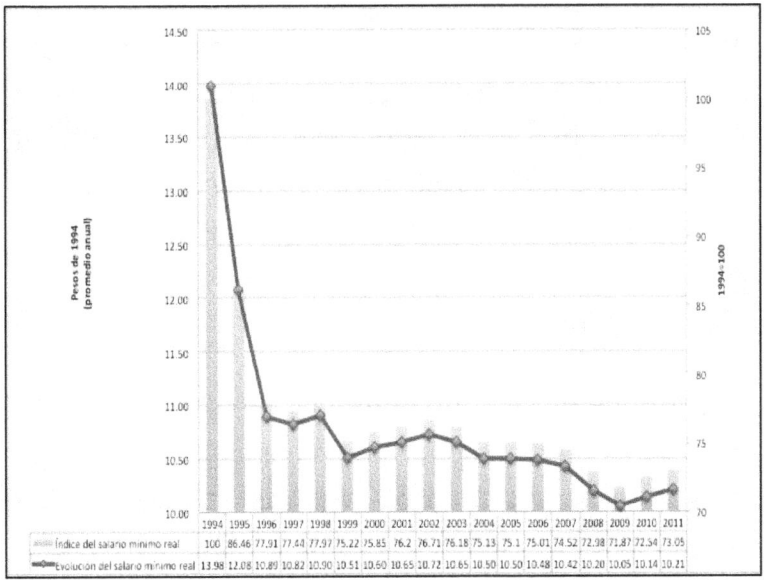

Fuente: Elaboración propia con datos de la Comisión Nacional de los Salarios Mínimos.

Como se observa, el salario mínimo real ha tenido una disminución de poco más del 30% desde 1994 (año base), por lo que claramente el poder adquisitivo de los trabajadores se ha visto afectado, lo mismo que el bienestar de sus familias.

Por otra parte, según la Encuesta Nacional de Ocupación y Empleo 2011 (ENOE), uno de cada cinco mexicanos con empleo apenas gana un salario mínimo para vivir o incluso no recibe ingreso. Se trata de un grupo conformado por 10 millones 145 mil 865 personas (representan 21 por ciento de los que conforman la población ocupada[16] del país) en esa condición[17].

Las cifras de la ENOE revelan también que este grupo de trabajadores que perciben un salario mínimo o sin salario creció 7 por ciento en el periodo 2006-2011. Así en 2011 hay 679 mil 869 trabajadores más en esta condición, en comparación con los registrados en el tercer trimestre de 2006.

Cabe destacar que no quedan excluidos de este grupo los profesionistas, técnicos y trabajadores del arte que suman 158 mil, así como 70 mil trabajadores de la educación. Datos del INEGI reportan que 15 mil funcionarios y directivos de los sectores público, privado y social también perciben únicamente un salario mínimo. Es decir, una gran parte de la población que trabaja percibe un salario insuficiente para cubrir sus necesidades básicas, lo que se traduce en que muchos trabajadores tengan que aumentar la jornada laboral.

La situación en México es contraria a lo que ocurre en la mayoría de los países. Por ejemplo, el INEGI sigue un grupo de cuatro países en los que calcula el salario medio por hora en dólares en la industria manufacturera. En 2007, primera observación de la

---

[16] Incluye tanto trabajadores formales como informales.

[17] Hasta el tercer trimestre de 2011.

El Modelo Económico del Cambio

serie, el pago en México era de 2.1 dólares, una cifra que superaba en 40 por ciento a lo pagado en Chile, pero que era apenas el 25 por ciento de lo que se ofrecía en Estados Unidos. Para el 2011, en el caso de México, el salario promedio en dólares era igual que el de 2007, pero en Chile había aumentado en 40 por ciento y en Estados Unidos, el incremento fue de 9 por ciento, por lo que ahora el salario mexicano es sólo 22 por ciento del de Estados Unidos.

Otro indicador relevante es el costo unitario laboral, es decir, el costo de la mano de obra por unidad producida. En el caso de este indicador, en México, hubo una caída de 1.6 por ciento entre 2007 y 2011, lo que implica un aumento de productividad neta. En Estados Unidos aumentó en 3.6 por ciento, lo que significa que los salarios crecieron más que la productividad.

En China entre 2000 y 2010, los salarios virtualmente se cuadriplicaron. Los estimados para el cierre de 2010 indican un nivel promedio de 1.9 dólares por hora en la manufactura; esto significa que están sólo 10 por ciento por abajo de México y la tendencia continúa en ese sentido.

Es así que uno de los factores determinantes de la competitividad del país son los bajos salarios promedio que hay en México y no necesariamente los indicadores macroeconómicos. No obstante,

Resultados del Modelo Macroestabilizador

seremos realmente competitivos cuando podamos combinar un crecimiento sostenido de los salarios reales junto con un aumento de la productividad laboral.

El Modelo Económico del Cambio

La pobreza en México, 2008-2010

En julio de 2011 el Consejo Nacional de Evaluación de la Política Social (CONEVAL)[18], dio a conocer los resultados de la medición de pobreza 2010 por entidad federativa y para el país en su conjunto, con base en la información generada por el INEGI.

De acuerdo con CONEVAL, la definición de pobreza considera las condiciones de vida de la población a partir de tres espacios: bienestar económico, derechos sociales y el contexto territorial.

El espacio del bienestar económico comprende las necesidades asociadas a los bienes y servicios que puede adquirir la población mediante el ingreso. La medición considera dos elementos: la población con un ingreso inferior a la línea de bienestar mínimo y la población con un ingreso inferior a la línea de bienestar[19]. La línea de bienestar hace posible identificar a la población que no cuenta con los recursos suficientes para

---

[18] "Informe de Evaluación de la Política Social en México", CONEVAL, 2011.

[19] Al tomar como referencia el mes de agosto de 2010, la línea de bienestar fue calculada para el ámbito urbano en $2,114 pesos por persona y en $1,329 pesos para el rural. Por su parte, la línea de bienestar mínimo fue calculada para 2010 en $978 pesos por persona para las zonas urbanas y en $684 pesos por persona para las rurales.

adquirir los bienes y servicios que requiere para satisfacer sus necesidades (alimentarias y no alimentarias). Por su parte, la línea de bienestar mínimo permite identificar a la población que, aun al hacer uso de todo su ingreso en la compra de alimentos, no puede adquirir lo indispensable para tener una nutrición adecuada.

El espacio de los derechos sociales se integra a partir de las carencias de la población en el ejercicio de sus derechos para el desarrollo social. Este espacio incluye los siguientes indicadores de carencia asociados a derechos: acceso a los servicios de salud, acceso a la seguridad social, acceso a los servicios básicos en la vivienda, calidad y espacios de la vivienda, rezago educativo y acceso a la alimentación.

Finalmente, el espacio del contexto territorial incorpora elementos que trascienden el ámbito individual (que pueden referirse a características geográficas, sociales y culturales, entre otras), como son los asociados a la cohesión social.

En este contexto, en 2010 la población en situación de pobreza ascendió a 46.2 por ciento, lo que representó 52 millones de personas (ver gráfica); esta cifra en comparación con 2008 significó un aumento de 3.2 millones de personas.

Gráfica 4.6
POBREZA NACIONAL 2008-2010
(Distribución del número de personas)

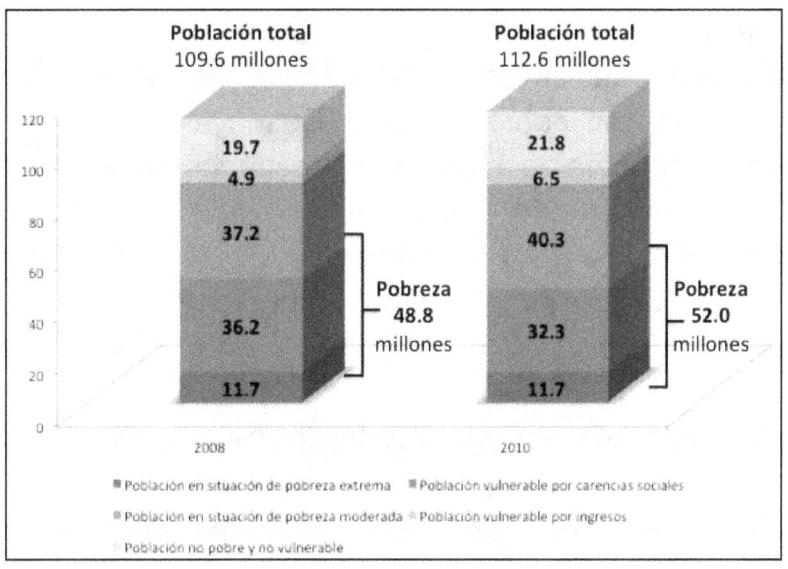

Fuente: CONEVAL.

Según el informe, el incremento del número de personas en situación de pobreza fue resultado de los aumentos de personas con carencia en el acceso a la alimentación (4.2 millones) como del de la población con ingresos bajos (la población por debajo de la línea de bienestar aumentó en 4.8 millones y la población por debajo de la línea de bienestar mínimo se incrementó en 3.4 millones de personas entre 2008 y 2010).

Por lo que respecta a la medición de la pobreza por entidad federativa, los estados donde la pobreza aumentó más fueron Baja California Sur (9.5 puntos porcentuales más que en 2008), Colima (aumento de 7.3 por ciento), Sonora (aumento de 6.5 puntos porcentuales) y Baja California (5.7 por ciento más que en 2008). Por el contrario, la entidades en donde se redujo la población en pobreza fueron Coahuila (reducción de 5 puntos porcentuales respecto a 2008), Morelos (reducción de 8.6 por ciento, 5.3 puntos porcentuales menos respecto a 2008) y Puebla (reducción de 3.7 puntos porcentuales entre 2010 y 2008).

El crecimiento en los precios de los alimentos ha tenido un efecto importante en el poder adquisitivo de los ingresos laborales a partir del tercer trimestre de 2008[20]. Hasta antes de abril 2010, el crecimiento del valor de la canasta alimentaria fue mayor que el de la inflación promedio, lo cual reduce el poder de compra del ingreso. Cada vez que el crecimiento de los precios de los alimentos es mayor que la inflación, hay una pérdida importante del poder adquisitivo del ingreso respecto a los alimentos, debido a que los salarios en general se ajustan con la inflación.

---

[20] El valor de la canasta alimentaria rural a pesos corrientes pasó de $492.64 pesos mensuales per cápita en enero de 2005 a 723.32 pesos mensuales en septiembre de 2011, mientras que en el ámbito urbano pasó de un valor de $711.46 pesos mensuales per cápita en enero de 2005 a $1,030.19 pesos en septiembre de 2011.

El Modelo Económico del Cambio

No obstante lo anterior, como conclusión el CONEVAL afirma que:

"No sólo la crisis financiera coyuntural o el incremento en el precio de los alimentos han sido los responsables de que el ingreso real no sea mayor en México (y de que la pobreza sea elevada), también lo es el lento crecimiento económico de largo plazo. Las condiciones de México no podrán mejorarse si no se realizan cambios económicos profundos que propicien el incremento de la productividad, la inversión, la generación de más empleos formales y de mejor calidad, así como el aumento del salario real de manera sistemática y sostenida. De la misma manera, la mejora en otras variables, como la estabilidad de los precios –particularmente de los alimentos- podría redundar en un incremento sostenido del poder adquisitivo del ingreso, al suponer también un mayor dinamismo de los salarios nominales." [21]

Desde otra perspectiva para salir de la crisis se requiere recobrar **"el sentido de nuestra existencia colectiva"**, como lo expresa Guillermo Hurtado en su reciente libro "México sin Sentido":

---

[21] Op. Cit. p.18.

Resultados del Modelo Macroestabilizador

" La crisis de México no se reduce al conjunto de sus graves problemas políticos, sociales o económicos – como la pobreza, la ignorancia, la violencia y la destrucción del medio ambiente- . Por debajo de esos problemas, nuestra crisis tiene una dimensión acaso más profunda e inquietante. Dicho en pocas palabras: hemos perdido el sentido de nuestra existencia colectiva…

… a los mexicanos nos falta cohesión, dirección y confianza."

PARTE II

Hacia un Nuevo Modelo Económico: Crecimiento Competitivo e Incluyente y la Reindustrialización 2030

"Cambios traerán cambios. El estadio final buscado no es sólo que México llegue a ser un país próspero, equitativo y democrático, sino que lo sea en un entorno de legalidad, sustentabilidad, modernidad tecnológica y honestidad pública. México ha dado pasos en ese camina, lentos e insuficientes, durante sus dos siglos de vida independiente. Nuestra convicción es que puede y debe andar en los siguientes 20 años más que en los 200 anteriores."
Héctor Aguilar Camín y Jorge G. Castañeda[*]

"México saldrá de su crisis cuando los mexicanos decidan cambiar su realidad y tomar su destino en sus manos"
Guillermo Hurtado[**]

---

[*] "Una Agenda para México", p.152.

[**] "México sin Sentido", p.12.

CAPÍTULO V

LA NUEVA ECONOMÍA GLOBAL MULTIPOLAR Y LA ERA DEL CONOCIMIENTO: LA TERCERA REVOLUCIÓN INDUSTRIAL Y LA MANUFACTURA DIGITAL

La economía global ha pasado a ser multipolar, en esta segunda década del Siglo XXI, porque por una parte, en términos del crecimiento de la economía mundial se estima que el 50% de éste provendrá de los llamados nuevos BRIICKS (Brasil, Rusia, India, Indonesia, China y Corea del Sur). Por otra parte, la eurozona no solamente enfrenta la crisis del euro y de la deuda soberana sino que transita por una década perdida en términos de crecimiento y empleo, al tiempo que algunos países de la región siguen sin resolver el problema de la crisis bancario-financiero. Estados Unidos y Japón por su parte, estiman un crecimiento de alrededor del 2% para el 2012-2013 mientras que China estima crecer cuatro veces más, por encima del 8%.

Desde la perspectiva financiera, el yuan está surgiendo como otra de las monedas de intercambio comercial y financiero, complementándose con el dólar, el yen y el propio euro que atraviesa una crisis. Así, el mundo global económico-financiero ha pasado a ser un mundo multipolar. Paralelamente, enfrentamos una Tercera Revolución Industrial de la manufactura digital, que al mismo tiempo representa un desafío y una oportunidad para todos los países.

La experiencia histórica y post-crisis en esta segunda década del Siglo XXI, dicta que la recuperación tiene que basarse principalmente en el motor de la industria manufacturera que es fuente de innovación, productividad y competitividad.

Es en este contexto que se desarrolla la Tercera Revolución Industrial de la manufactura digital. Esta revolución tecnológica, ya en marcha, cambiará la economía global en las próximas décadas, ya que no se requerirá de manufacturas elaboradas con mano de obra barata sino de mano de obra calificada (mente-obra) capaz de innovar; es decir de mentefactura.

La Primera Revolución Industrial se presentó entre la segunda mitad del siglo XVIII y principios del XIX, en este periodo la economía basada en el trabajo manual fue reemplazada por otra dominada por la máquina e industria. La Revolución comenzó con la mecanización de las industrias textiles y el desarrollo de los procesos del hierro, así las innovaciones tecnológicas más importantes fueron la máquina de vapor y la denominada Spinning

El Modelo Económico del Cambio

Jenny, una potente máquina relacionada con la industria textil. Estas nuevas máquinas favorecieron enormes incrementos en la capacidad de producción.

Así, en la Revolución Industrial se aumentó la cantidad de productos y disminuyó el tiempo en el que estos se fabricaban, dando paso a la producción en serie, ya que se simplificaron tareas complejas en varias operaciones simples que podía realizar cualquier obrero sin necesidad de que fuera mano de obra calificada, y de este modo disminuyeron los costos en producción y se elevó la productividad.

La Segunda Revolución Industrial tuvo lugar a principios del Siglo XX. Esta nueva revolución industrial fue muy distinta, ya que contrario a lo sucedido en la Primera en donde un único país, Gran Bretaña, había logrado industrializarse en profundidad, en este periodo, la revolución se presentó en muchos más países, destacando, Europa Occidental, Estados Unidos y Japón. Este periodo vio el desarrollo de nuevas formas de energía nunca antes vistas o utilizadas, como el gas o el petróleo; debido a estos profundos cambios surgieron nuevas industrias, además de producirse una revolución científica sin precedentes, que abrió nuevos campos de investigación.

En este contexto, nuevas invenciones revolucionaron y caracterizaron este periodo; la aparición de nuevas máquinas e invenciones como el motor de combustión interna, el desarrollo del aeroplano y el automóvil y su correspondiente comercialización, además de la producción masiva estandarizada (pero rígida), caracterizada con la producción del Ford T25, que dio origen al llamado Fordismo. Como decía Henry Ford, "ustedes pueden elegir cualquier color del auto siempre que sea negro."

Para que la producción de estas industrias fuera lucrativa era necesario invertir grandes sumas de capital en instalaciones capaces de producir grandes cantidades de manera homogéneas para obtener control de calidad en los procesos de producción y montaje. La filosofía que impulsó a estas industrias fue la denominada de "precios bajos" que consiste en un Sistema de Producción en Masa y Estandarizada de bienes de alta calidad y consumo masivo (*mass production*).

En la Tercera Revolución Industrial del Siglo XXI, se desarrolla un "Sistema de Manufactura Digital, Flexible y Personalizada" (*mass costumizing*); caracterizada por la conjunción de una revolución tecnológica en diferentes áreas: tecnologías de información y telecomunicaciones (TIC), Internet, banda ancha, sistemas digitales, nuevos materiales, nanotecnología, biotecnología y robótica, entre otros.

Figura 5.1

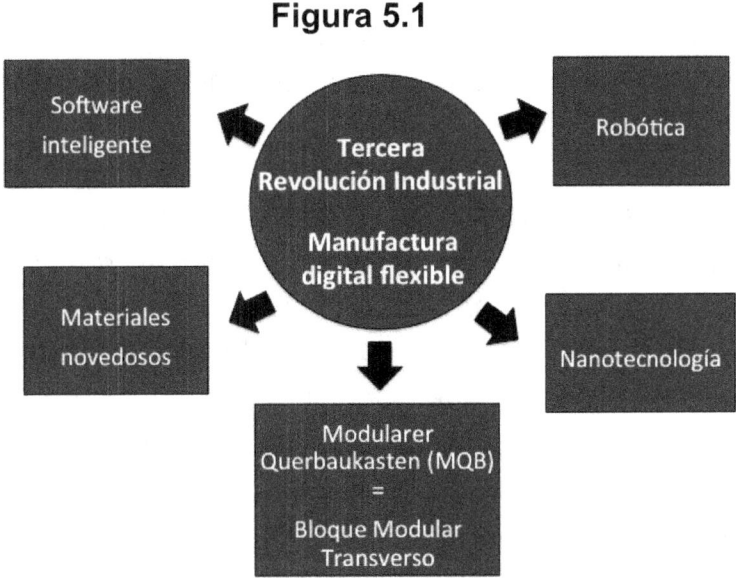

Todos los avances tanto en nuevos materiales como en tecnología; formas de producción e incluso nuevas fuentes de energía, son los elementos que están configurando la Tercera Revolución Industrial de la *"manufactura digital flexible."* [22]

El sistema de producción digital, flexible y personalizado está permitiendo a través del llamado Bloque Modular Transverso (MQB, por sus siglas en inglés) fabricar diversos modelos en

---

[22] The Economist, "The Third Revolution of Industry", April 21, 2012

la misma línea de producción. Por ejemplo, en Volkswagen se están haciendo diferentes modelos de auto en la misma línea de producción lo que significa un sistema flexible y personalizado, que contrasta con el sistema de producción masiva, rígida y estandarizada de la Segunda Revolución Industrial.

La actual forma de producir que involucra ensamblar una gran cantidad de piezas quedará en el pasado; ahora, un producto puede ser diseñado en una computadora e "impreso" en una impresora 3D, esto es de tercera dimensión, que crea un objeto sólido mediante la creación de sucesivas capas de material. La impresora 3D puede funcionar sin supervisión, y puede hacer muchas cosas que son demasiado complejas para una fábrica tradicional. Con el tiempo, estas sorprendentes máquinas serán capaces de hacer casi cualquier cosa, en cualquier lugar del mundo y de manera personalizada.

Las ventajas comparativas ya no provendrán del costo de la mano de obra industrial sino de mano de obra calificada que será la que obtenga empleos productivos y salarios remunerativos, esto es capital intelectual y *la ventaja competitiva estará en aquellos países y empresas que aprenden e innovan (nuevos productos, nuevos procesos, nuevos modelos de negocios, etc.) más rápido que la competencia.*

El Modelo Económico del Cambio

Un ejemplo de ello es la producción del iPad; se estima que del costo de 499 dólares de la primera generación, sólo 33 dólares corresponden al costo laboral de su manufactura y específicamente sólo ocho dólares es lo que se pagó a los operarios que la ensamblaron en China. Así, el tipo de trabajo que será más demandado para la nueva manufactura será de mayor calificación y corresponderá a diseñadores industriales, ingenieros de diversos campos, especialistas en tecnologías de la información, expertos en logística y mercadotecnia, entre otros.

Sin duda, el desafío en la segunda mitad del Siglo XXI será incorporarse a la tercera Revolución Industrial basado en la manufactura digital y la innovación como fuente de competitividad, por lo que un sector estratégico a desarrollar es el de la industria manufacturera. De aquí la importancia para México de una estrategia de reindustrialización.

En este contexto, se está gestando un reordenamiento de los países líderes en la manufactura mundial a medida que algunos se adaptan más rápido y mejor a estos cambios. Esta es la gran oportunidad de México, ante los problemas de China por el incremento de los costos laborales y de transporte (por el costo de los energéticos), pero el país requiere mejorar la competitividad sistémica bajo una nueva estrategia de reindustrialización.

Debido a la importancia de recuperar la producción manufacturera, los países siguen diferentes estrategias para lograrlo. Por ejemplo, Estados Unidos es el innovador número uno del mundo, donde 3/4 partes de la I&D y el 90% de las patentes provienen de la industria manufacturera. No obstante, enfrenta un fenómeno de desindustrialización ilustrado por los siguientes datos: en 1997 el PIB industrial manufacturero era del 15% y para 2010 bajó a menos del 12%, mientras que Alemania es prácticamente el doble (24%) lo que explica que siga siendo la locomotora exportadora de manufacturas europeas y la economía industrial más sólida ante la reciente crisis financiera-económica global.

De aquí, el porqué ha surgido en el gobierno de Obama la prioridad no solamente de promover la innovación sino también la manufactura de los productos innovadores, porque el propio proceso de *learning by doing* y de *learning by experience* promueve a su vez más innovación, creando un círculo virtuoso. Así, la innovación más valiosa proviene todavía de la fabricación de semiconductores, baterías y productos robóticos; por lo que ha surgido un movimiento empresarial para promover una política de fomento competitivo a la industria manufacturera en Estados Unidos, en

El Modelo Económico del Cambio

especial la manufactura avanzada impulsada por una filosofía y enfoque de colaboración de la triple hélice: empresas, academia y gobierno.

"Estados Unidos ha sido el líder mundial en tecnologías avanzadas desde su concepción inicial hasta la comercialización", dijo el Co-Presidente de Consejo Presidencial de Asesores en Ciencia y Tecnología (PCAST, por sus siglas en inglés) Eric S. Lander. *"Una poderosa alianza entre la academia, la industria y el gobierno ha llevado a este éxito, especialmente en las primeras etapas, cuando ningún jugador puede soportar todos los costos de ser pioneros en nuevas tecnologías. Tenemos que renovar y extender esta asociación estadounidense, especialmente cuando otras naciones están tratando cada vez más de vencernos en nuestro propio modelo."*

En este contexto, el Presidente Obama anunció la creación de una *Asociación de Manufactura Avanzada,* liderada por los rectores de algunas de las universidades más prestigiadas y varios de los directivos de empresas de los EE.UU. El Presidente también pidió al *Consejo Económico Nacional* y a la *Oficina de Política Científica y Tecnológica* trabajar estrechamente con la nueva alianza (la filosofía de la triple hélice) para poner en práctica una serie de recomendaciones del informe *"Report to the President on Ensuring*

American Leadership in Advanced Manufacturing " del PCAST incluyendo las siguientes:

- **Invertir en infraestructuras compartidas, incluyendo laboratorios federales y universitarios**, que podrían ser de fácil acceso para las pequeñas y medianas empresas y facilitar significativas ganancias de productividad al permitir a las empresas crear prototipos rápidamente, personalizar, probar y producir nuevos productos.

- **Apoyar el desarrollo de procesos de manufactura avanzada,** que abarquen múltiples sectores industriales y podrían ser utilizados por una gran variedad de empresas para reducir drásticamente el tiempo de desarrollo de productos y que los empresarios aumenten su capacidad para participar en el diseño y la transición de sus inventos en productos fabricados en los Estados Unidos.

- **Participar en asociaciones con la industria y la academia que identifiquen e inviertan en nuevas tecnologías de amplia aplicación**, precompetitiva -como la nanofabricación de electrónica flexible, tecnologías de la información y materiales avanzados-, que tienen el potencial para transformar el sector manufacturero.

El Modelo Económico del Cambio

El informe del PCAST señala que existen tres razones principales por las que Estados Unidos debe esforzarse por reindustrializarse y revitalizar su liderazgo en la industria manufacturera y en particular de fabricación avanzada, esto en industrias intensivas en conocimiento o lo que hemos denominado mentefactura:

- **Empleos:** La manufactura basada en nuevas tecnologías, como herramientas de alta precisión y materiales avanzados, puede proporcionar empleos de alta calidad y bien remunerados para los trabajadores estadounidenses.

- **Innovación:** No es suficiente inventar en los Estados Unidos y manufacturar en el extranjero. Al mantener la manufactura local, se presentan una serie de sinergias a través de las cuales derivan el diseño, la ingeniería, la escala y los procesos de producción que retroalimentan los sectores de concepción e innovación para generar nuevas ideas y productos de segunda y tercera generación. Esto es el propio proceso de *learning by doing* y *learning by experience* impulsa la innovación.

- **Seguridad:** La capacidad nacional de manufactura de tecnologías y técnicas avanzadas es vital para mantener la seguridad nacional.

El informe concluye que Estados Unidos debe recuperar su liderazgo en la industria manufacturera, pero no a través de una vieja política industrial, en la cual el gobierno selecciona empresas o sectores ganadores o perdedores, sino más bien con una política que promueva la competitividad de la industria manufacturera vía una estrategia y política de innovación en la que el gobierno no sólo incentiva la inversión sostenida en investigación básica para promover la cooperación científica y los descubrimientos, sino también co-invierte en investigación precompetitiva aplicada para acelerar la maduración y la preparación para la manufactura de las nuevas tecnologías. Todo ello bajo un enfoque participativo (triple hélice) de la academia, la empresa y el gobierno.

Finalmente, el informe señala que la inversión privada debe ser complementada por la inversión pública, ya que las empresas individuales no pueden justificar la inversión necesaria para desarrollar al máximo muchas nuevas tecnologías importantes o para crear toda la infraestructura necesaria para apoyar la manufactura avanzada.

El Modelo Económico del Cambio

En el caso de Alemania, la industria manufacturera y la innovación le han permitido crear productos altamente diferenciados y competitivos, manteniendo alta la participación de la industria manufacturera en el PIB (24%) y ha sido el motor para sostener el crecimiento en Alemania, impulsando a las economías de la eurozona. La capacidad de este país para reorientar su exportación durante la crisis le permitió exportar autos, máquinas, herramientas y maquinaria y equipo a China por un monto de 65 billones de euros.

Cabe destacar que el núcleo central del modelo manufacturero alemán es la mente-obra, trabajadores bien calificados y competitivos acordes a la nueva era de la manufactura digital -debido a la educación dual: entrenamiento universidad e industria- que son el "músculo" detrás del valor de la manufactura de esta locomotora exportadora europea, que le permite mantener, dada su articulación productiva interna, crecimientos sostenidos.

En América Latina, paradójicamente, países como Brasil y México enfrentan un proceso de *"desindustrialización precoz"*, que frena que la manufactura se convierta en motor del crecimiento, producto en parte de la apreciación cambiaria y la desarticulación interna de cadenas productivas y en México por la ausencia de una estrategia y política de competitividad industrial.

La economía brasileña ha reportado en los últimos años un problema de pérdida de competitividad en parte debido a la apreciación cambiaria que no sólo frena la exportación sino abarata importaciones en contra de la sustitución competitiva de importaciones. Así, cada vez es más barato importar insumos y materias primas desarticulando las cadenas productivas internas, fenómeno que en México ha llevado al modelo de manufactura de ensamble.

Lo anterior es producto de falta de competitividad de la industria brasileña, exacerbada en el sector manufacturero por el fenómeno de la apreciación del real (se ha apreciado 119% entre 2004 y 2011, y más de 40% a partir de 2009), producto, entre otras cosas, de la excesiva entrada de capitales (la guerra de divisas), que a pesar de su política de impuestos a estos flujos de capital, provoca la apreciación del real y la pérdida de competitividad cambiaria. Por lo que se puede concluir que el "costo Brasil" es el principal factor que impulsa la "desindustrialización" brasileña. No obstante, es importante señalar que parte del "costo Brasil" es resultado también del gran tamaño de su gobierno y de su complejo sistema tributario, que adicionalmente ha aumentado la carga fiscal del 22% del PIB en 1988 a 36% en la actualidad.

El Modelo Económico del Cambio

Al parecer, con su política de metas de inflación y valorización del real, Brasil eligió un camino de baja inflación pero también crecimiento moderado y, al menos por ahora, un proceso de desindustrialización.

Por su parte México, ha enfrentado un proceso de desindustrialización donde la industria manufacturera ha dejado de ser motor de crecimiento, prueba de ello es que su participación en el PIB nacional ha disminuido al pasar de 19.8% en el 2001 a 13.9% en el 2011. Este proceso de desindustrialización ha sido producto de un modelo de apertura vía exportaciones con desarticulación interna de las cadenas productivas.

A pesar de que el sector exportador parece ser muy dinámico y exitoso (de 1994 a 2011, el ritmo de crecimiento anual fue en promedio de 10.1 por ciento, una tasa semejante al crecimiento de los países asiáticos), no ha tenido capacidad para arrastrar al conjunto de la economía, debido a la ausencia de una política de competitividad industrial, que ha generado un modelo exportador de manufactura de ensamble con un sesgo pro-importador producto de la apreciación cambiaria, bajos aranceles y contrabando que hacen más barato el dólar y las importaciones que la producción interna. Así, se ha generado altas elasticidad ingreso de las importaciones y de la propensión marginal a importar con un reducido multiplicador del ingreso vía exportación y/o inversión, como se explicó en la Parte I.

El modelo de manufactura de ensamble frena la capacidad de arrastre del Modelo Exportador para promover el crecimiento interno. Así, el país es el número uno en exportaciones de televisores pero el valor agregado nacional es sólo del 5%; en consecuencia, si aumentan en 1,000 millones de dólares estas exportaciones el impacto directo es sólo de 50 millones de dólares sin tener capacidad de arrastre al resto de la economía.

Para todos los países, la estrategia de reindustrialización debería avanzar no solamente a través de una generación de mayor valor agregado interno sino también en un escalamiento a nuevas actividades de mayor valor agregado; esto implica pasar de la manufactura de ensamble a la *manufactura integrada y a la mentefactura,* esto es industrias intensivas en conocimiento que generan mayor productividad, mejores salarios y a su vez mayor innovación.

En esta perspectiva México avanza en "nuevas avenidas" como los clusters de aeronáutica y automotriz, entre otros que deberíamos estimular y convertir en ejemplo para otros sectores, bajo una estrategia integral como es la de la "Ciudad Internacional del Conocimiento de Monterrey".

El Modelo Económico del Cambio

La Ciudad de México, por su parte, cuenta con todo el potencial para convertirse en una "Capital del Conocimiento" desarrollando los clusters como el de la salud y biomedicina. Esta estrategia es la que verdaderamente puede incorporar a México en la Tercera Revolución Industrial de la manufactura digital, flexible y personalizada y convertirse en una verdadera planta manufacturera mundial.

CAPÍTULO VI

EL NUEVO MODELO DE CRECIMIENTO COMPETITIVO E INCLUYENTE Y SUS DIEZ PILARES

Marco general

El primer paso para lograr la adopción de un nuevo modelo de desarrollo, es lograr una visión de país compartida. Esto significa, en el caso de México, romper con el modelo mental de una *visión paradogmática* de apertura, macroestabilizador y Estado minimalista, para abrirse al cambio hacia un *Nuevo Modelo Económico con Crecimiento Competitivo e Incluyente* basado en la reindustrialización como motor del crecimiento y apoyado en diez pilares fundamentales.

En esta perspectiva es importante avanzar en las llamadas reformas estructurales fiscal, energética y laboral como *condiciones necesarias, pero no suficientes*, para generar un nuevo modelo de desarrollo con capacidad de crecimiento integral: *pleno, sostenido y sustentable*.

Figura 6.1
HACIA EL NUEVO MODELO DE CRECIMIENTO COMPETITIVO, BALANCEADO E INCLUYENTE Y SUS DIEZ PILARES

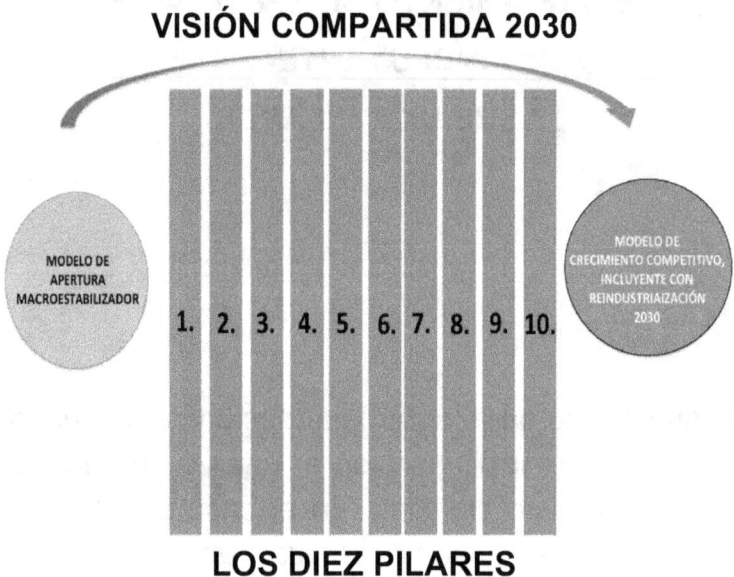

1. La estrategia de crecimiento balanceado y competitivo.
2. La Reindustrialización tridimensional y la política de competitividad industrial.
3. Modelo macroeconómico bidimensional: Crecimiento con estabilidad.
4. Crecimiento pleno, sostenido y sustentable.
5. Crecimiento incluyente: Empleos productivos y salarios remunerativos.
6. El financiamiento al desarrollo: La banca comercial y la banca de desarrollo.

7. El reencuentro de un nuevo Estado IFAT con un mercado institucional y sociedad participativa.
8. La nueva estrategia de inserción a la economía global: El TLCAN II y México como un nuevo BRICS.
9. La economía política del crecimiento: instituciones políticas y económicas incluyentes.
10. Visión de futuro y proyecto de nación: México 2030.

Generar una *visión compartida al 2030 de un modelo de desarrollo integral* implica una nueva estrategia de crecimiento balanceado y competitivo:

- La nueva estrategia de crecimiento debe ser una de **crecimiento balanceado**, en donde tanto la demanda externa como la interna sean fuentes de crecimiento. Se requiere eliminar el falso dilema de crecer hacia afuera vía exportaciones o crecer hacia dentro vía sustitución de importaciones. México dado el tamaño de su economía, décimo cuarta a nivel mundial, y su vulnerabilidad externa puede y debe crecer de manera balanceada impulsada tanto por la locomotora de la demanda externa vía exportaciones, como la locomotora de la demanda del mercado interno. Pero en una economía abierta a la hipercompetencia global para poder crecer tanto hacia dentro, impulsada por el mercado interno como el externo vía exportaciones, tiene que ser **internacionalmente competitiva** no solo para atraer las inversiones en el sector exportador, sino también para el sector que compite con las importaciones y así desarrollar de manera balanceada su mercado interno. Esta es la única manera de enfrentar los ciclos recesivos del mercado mundial pues como vemos hoy en esta crisis global de la segunda década del Siglo XXI **"la demanda es un bien escaso"** hay que utilizarla, como lo ha hecho China para poder mantener un ritmo de crecimiento sostenido de la economía nacional.

- Impulsar un ***crecimiento competitivo*** es fundamental y necesario en una economía abierta a la hipercompetencia global y la *competitividad* debe ser *sistémica* en donde las empresa, los sectores productivos, y el gobierno, requieren ser competitivos y además contar con la infraestructura, los precios macroeconómicos, el marco institucional del Estado de derecho y el capital social (la confianza en el país y su rumbo) adecuados para generar el ambiente macro-institucional favorable para el desarrollo de las empresas.

El Modelo Económico del Cambio

- Promover un ***crecimiento balanceado*** en donde la locomotora de la demanda externa vía exportaciones esté acompañada por la demanda interna del mercado doméstico, el cual a su vez deberá retomar a la industria como principal motor del crecimiento dinámico de la economía promoviendo la articulación de las cadenas productivas.

- Por otra parte la estrategia de crecimiento competitivo y balanceado, tiene además otras tres dimensiones que son fundamentales para un desarrollo integral:

    o **crecimiento pleno**, esto es crecer a la tasa del PIB potencial de la economía, del 6% promedio anual;

    o **crecimiento sostenido**, crecer al 6% anual evitando las crisis recurrentes y los procesos de "pare y siga" como los de 1982, 1995 y 2009 que son altamente costosos para el país; y

    o **crecimiento sustentable** que implica crear riqueza sin destruir la naturaleza y la calidad del medio ambiente. Esto es un crecimiento "verde" en donde se pueda incrementar la producción de manera sostenible garantizando el cuidado del medio ambiente así como de los recursos naturales.

- El desarrollo integral pleno debe incorporar la dimensión de la equidad, por ello el crecimiento debe ser incluyente. Avanzar hacia un **crecimiento incluyente** implica generar anualmente el millón de nuevos empleos de calidad que requiere el país y al mismo tiempo rescatar a los 52 millones de pobres. En el corto plazo, se debe continuar con políticas asistenciales (oportunidades, seguro universal, la asistencia integral); no obstante, *la mejor política social* para generar un crecimiento incluyente, en el mediano y largo plazos, es un *modelo económico que cree empleos productivos y salarios remunerativos para integrar a la población al mercado y pueda comprar sus propios satisfactores básicos y elevar su nivel de bienestar.*

Utilizando una metáfora donde la economía mexicana es un ferrocarril, se requiere que éste sea impulsado por dos locomotoras: la de la demanda externa vía exportaciones y la de la demanda interna vía el mercado doméstico (crecimiento balanceado). Ambas locomotoras deben correr a 100 kms por hora es decir, a su velocidad plena del 6% del PIB potencial (crecimiento pleno); que además evite caer en

los procesos de "pare y siga" producto de las crisis recurrentes (crecimiento sostenido). Asimismo, la locomotora debe ser "verde" ya que esto le permite funcionar óptimamente sin contaminar (crecimiento sustentable) y, finalmente, se requiere que suba a los 52 millones de pobres al ferrocarril del desarrollo, generando los empleos productivos necesarios con salarios remunerativos (crecimiento incluyente).

Además la locomotora debe tener un "motor" moderno y dinámico, esto es la reindustrialización vía la manufactura digital de la Tercera Revolución Industrial, que permita impulsar el crecimiento vía la innovación en la nueva era del conocimiento.

Respecto al problema macro-industrial la locomotora exportadora tiene tres carros de ferrocarril, dos son de importaciones (de insumos, bienes intermedios y de capital) y uno nacional, esto es presenta una baja capacidad de arrastre del Modelo Exportador de Manufactura de Ensamble; el desafío de la Industrialización Tridimensional es revertir el proceso con dos carros de insumos nacionales y uno de importaciones (integrando la cadena productiva), lo que elevaría el multiplicador de la inversión (y de la exportación), así como el crecimiento.

Hacia un Nuevo Modelo Económico

Para transitar del modelo actual al nuevo modelo del cambio, éste requiere apoyarse en diez pilares, que se desarrollan a continuación.

El Modelo Económico del Cambio

PILAR 1

LA ESTRATEGIA DE CRECIMIENTO BALANCEADO Y COMPETITIVO

La estrategia de crecimiento hacia fuera vía exportaciones ha creado en la economía mexicana una doble vulnerabilidad y dependencia. Por un lado, la fuente de demanda es solamente externa, pues se descuidó el motor de la demanda interna y ante cualquier ciclo recesivo, en este caso no solo de la economía mundial sino de los Estados Unidos, se frena la economía mexicana que no ha tenido capacidad de respuesta para implementar una política contra-cíclica y elevar el crecimiento de la demanda interna estimulando el consumo privado y aumentando la inversión tanto pública como privada. Por otra parte, el 80% del comercio internacional de México -tanto de exportación como de exportación- se concentra con Estados Unidos; de tal manera que la vulnerabilidad externa no solamente enfrenta la limitación de una política interna contra-cíclica sino también la incapacidad para diversificarse a otros mercados.

La importancia de una estrategia de crecimiento balanceado se evidencia con la experiencia reciente de esta década (2001-2011), en donde el crecimiento de la economía mexicana ha sido el más bajo de América Latina (1.7% promedio anual). En el año 2001, cuando Estados Unidos entró en recesión, algunos economistas planteamos la necesidad de reorientar el crecimiento estimulando la demanda y el mercado internos y aunque el gobierno mantuvo un discurso durante la década de la importancia de esta estrategia, nunca implementó una política efectiva en la práctica. De esta manera, en 2001 la economía mexicana decreció 0.3%, no obstante el caso más dramático fue en el 2009 con una contracción del PIB de 6.5%.

Ante la crisis financiera-económica global de Estados Unidos y la Eurozona en el 2008, México sobre-reaccionó con una política altamente contraccionista que fue innecesaria, generó un alto costo y evidenció una vez más la incapacidad del gobierno para implementar una política contra-cíclica de estimulación de la demanda interna. El costo se evidencia porque la contracción del PIB (-6.5%, ver gráfica 6.1) fue de las más altas no solo en América Latina sino en el mundo y la pérdida de cerca de 500,000 empleos; esto aun y cuando el país contaba con excedentes petroleros y un mercado interno de 110 millones de personas. Como se observa en la gráfica el crecimiento de 2010 y 2011 prácticamente solo ha compensado la recesión y la pérdida del PIB del 2009.

Gráfica 6.1
CAÍDA Y RECUPERACIÓN DE LA ECONOMÍA MEXICANA 2008-2012

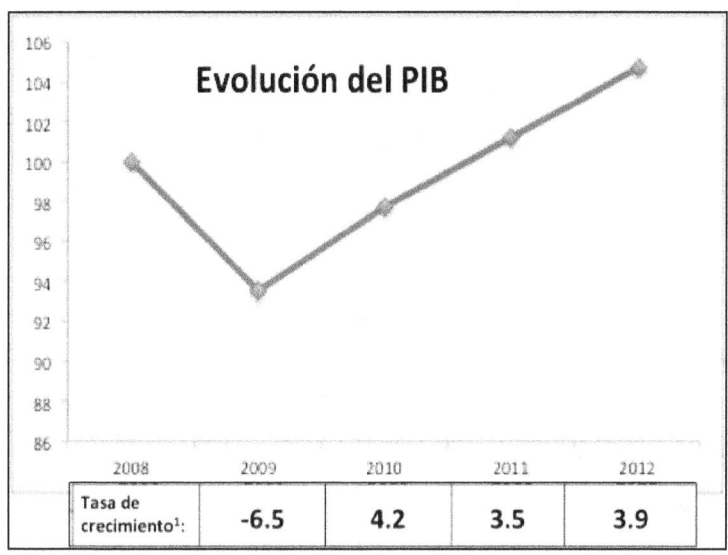

Fuente: Elaboración propia con datos de INEGI.

Gráfica 6.2
PIB 2001-2011

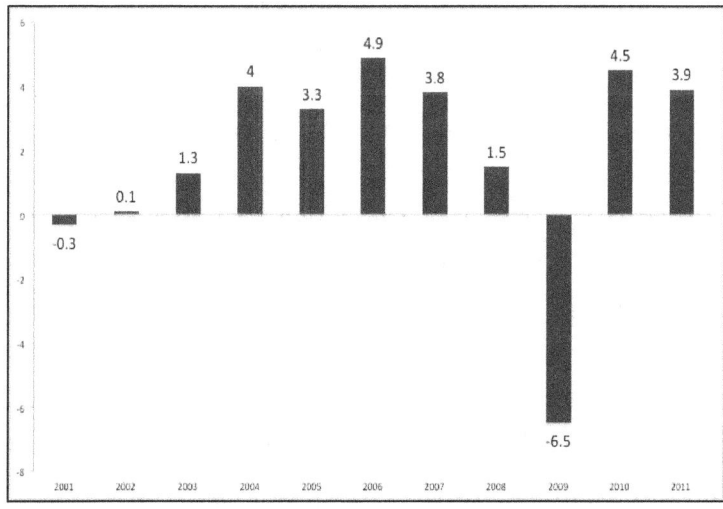

Fuente: Elaboración propia con datos de INEGI.

La pregunta que surge es: *¿Por qué México, con excedentes petroleros que han generado una renta de más de 270,000 millones de dólares en 9 años, no ha podido encender la locomotora de la demanda y mercado internos?* La razón es porque no ha implementado una estrategia y política de crecimiento balanceado.

La demanda interna tiene tres componentes: consumo privado, inversión privada y gasto de gobierno que a su vez se subdivide en gasto corriente e inversión pública. Estimular la demanda interna, por lo tanto, significa aumentar el consumo privado (no el público, que es el gasto corriente) y aumentar la inversión pública y privada tanto nacional como extranjera.

Para estimular la inversión total, habría que aumentar la inversión pública (que como se ha analizado a lo largo de este libro es de solo 2.5% del gobierno federal y 2% de PEMEX) y el gobierno no ha tenido un programa y una estrategia para estimular los proyectos de inversión estratégicos del sector público ante la recesión en los Estados Unidos y la baja en las exportaciones. En este tema, China fue un gran ejemplo entre 2008 y 2009, pues inmediatamente reorientaron el crecimiento al mercado interno con un programa de más de 500,000 mdd y con inversión en infraestructura y proyectos estratégicos y aún estimulando el consumo interno. Por su parte México, a pesar de disponer de recursos provenientes de los excedentes del petróleo tiene un candado del llamado "presupuesto balanceado" con la Ley de Responsabilidad del 2006, por lo que no ha tenido una estrategia flexible durante las crisis para enfrentar los ciclos recesivos de Estados Unidos.

Por otra parte, la política fiscal no hay que verla solamente por el lado tributario sino también de incentivos a la inversión y aquí ante la recesión del 2009 no se establecieron incentivos por ejemplo a la reinversión de utilidades y al empleo para "balancear" la baja en la demanda externa, debido a que no hay estrategia y política de crecimiento balanceado. Estimular la demanda y mercado internos significa estimular el consumo privado que es el principal componente del PIB (más del 70%), pero éste solamente puede crecer en el margen, si crece la masa salarial la cual depende del número de empleos y del salario real.

Durante esta primera década del 2000 la generación promedio de nuevos empleos formales afiliados al IMSS fue de 210,355. Así el número de trabajadores afiliados al IMSS aumentó de 12.6 a 15.1 millones de 2000 a 2011; es decir solo 2.6 millones más durante estos años en donde entran al mercado aproximadamente un millón de jóvenes en busca de nuevos empleos (esto es 11 millones). Si por otro lado observamos que desde 1994 al 2011 el salario mínimo real bajó en 30% (ver gráficas en el Capítulo IV) podemos entender que la masa salarial o está estancada o crece a un ritmo muy bajo para ampliar el mercado interno. De aquí la urgencia de contar con una estrategia de crecimiento sostenido con empleos productivos y salarios remunerativos, pues es el único camino para fortalecer y desarrollar el mercado interno como una locomotora interna que junto con la externa permitan mover la economía a etapas superiores de crecimiento y bienestar.

La otra variable de política para fomentar el consumo privado es promover el crédito tanto para el consumo de bienes duraderos como en la vivienda y en general a los bienes salarios, pero como sabemos también el crédito se mueve en un esquema pro-cíclico y no contra-cíclico que permita fortalecer la nueva estrategia de crecimiento balanceado como se observa la experiencia de esta década tanto con la crisis de 2001 y 2009 muestra el elevado costo de no tener una estrategia de crecimiento balanceado tanto en términos del PIB como del empleo, que finalmente afecta a la baja en el bienestar de la población y el aumento de número de pobres como sucedió entre en donde solo entre 2008 y 2010 aumentó el número de pobre es en 3.2 millones, esto es de 48.8 a 52.0 millones.

El Modelo Económico del Cambio

En síntesis, es urgente desarrollar una estrategia de crecimiento balanceado fomentando la demanda y el mercado interno a través de política de fomento a la inversión empleos productivos y salarios remunerativos.

Paralelamente, la nueva estrategia de crecimiento balanceado necesita renovar la locomotora externa a través de una política integral de fomento a las exportaciones que genere un modelo exportador competitivo, dinámico y sostenido, que propicie la articulación interna de las cadenas productivas. Esto implica avanzar hacia un nuevo TLCAN II[23], que pase del viejo enfoque de una integración comercial al de una integración productiva vía clusters[24] regionales (como el cluster automotriz), con mayor generación de valor agregado nacional y que permita el desarrollo de industrias intensivas en conocimiento (aeronáutica, biotecnología, software, entre otras.)

Por otra parte, el modelo exportador -además de apoyarse en un TLCAN II- debe diversificar su comercio exterior aprovechando el capital

---

[23] Ver mi libro "TLCAN II. De la integración comercial a la integración productiva", Amazon.com.

[24] Un cluster físico es una concentración geográfica conectada no necesariamente articulada de empresas del mismo ramo económico, de proveedores especializados de las mismas, de oferentes de servicios al productor y de compañías en ramas económicas vinculadas.

comercial subutilizado con los otros 11 acuerdos con 39 países. Esto a su vez, reduciría los efectos negativos de depender de un solo mercado como los Estados Unidos cuando éste cae en ciclos recesivos, aquí la política de fomento integral a las exportaciones implicaría capitalizar y promover un nuevo Banco de Comercio Exterior.

Asimismo, se requiere de una estrategia de diversificación de mercados que permita aprovechar los más de 10 acuerdos de libre comercio que tiene México con más de 40 países en el mundo y un verdadero *ex-im bank* lo que implica tanto reestructurar como revitalizar al banco de comercio exterior de México.

La capitalización de la banca y su apertura a fuentes de financiamiento, permitirían el fondeo con líneas de crédito internacionales que podrían servir para financiar la inversión productiva, el capital de riesgo y la reconversión en maquinaria y equipo entre otras actividades. Por ello es que la banca de desarrollo se hace indispensable para impulsar la competitividad de la economía mexicana. El objetivo debe ser crear una banca de desarrollo con perspectiva internacional que permita cumplir con el financiamiento oportuno tanto para las PyMEs como para las grandes empresas y que al mismo tiempo tenga la oportunidad de capitalizarse, de tener acceso a

El Modelo Económico del Cambio

líneas de crédito internacionales que hoy no tiene y que no le permite crecer y ser competitiva.

Es así que el crecimiento balanceado se apoya tanto en el mercado externo a través de la exportación como del mercado interno. Pero éste debe que ir acompañado de una estrategia de mejora en la competitividad del país, la cual no es una sola variable sino una competitividad sistémica que se conforma por varios niveles y capitales, en donde tanto las empresas como los sectores productivos y el gobierno sean competitivos.

Para lograr un crecimiento competitivo, es necesario abordar el reto de la competitividad dentro de un modelo sistémico en seis niveles se requiere de un enfoque de competitividad sistémica donde se integren los seis niveles de la competitividad, partiendo desde la empresa (nivel microeconómico), organización industrial, innovación y logística (nivel mesoeconómico), aspectos financieros, fiscales, demanda, tipo de cambio (nivel macroeconómico), tratados de libre comercio, promoción de exportaciones, defensa a la competencia desleal (nivel internacional), reglas del juego claras, estado de derecho (nivel institucional) y la confianza (nivel político-social), que a su vez se integra por diez capitales por desarrollar de manera simultánea.

Los diez capitales de la competitividad sistémica son (ver figura): 1. Capital Empresarial; 2. Capital Laboral; 3. Capital Organizacional; 4. Capital Logístico; 5. Capital Intelectual; 6. Capital Macroeconómico; 7. Capital Comercial; 8. Capital Institucional; 9. Capital Gubernamental y 10. Capital Social

El funcionamiento de cualquiera de estos sistemas afecta a los demás de manera directa. De ahí que sea imposible un discernimiento correcto de la competitividad sin analizar la interacción dinámica entre estos sistemas o niveles y sus capitales correspondientes. Es así que para lograr un crecimiento competitivo de manera sostenida, es necesario diseñar e instrumentar políticas y estrategias que fortalezcan cada uno de los niveles y capitales de la competitividad sistémica (ver figura 6.2)

El Modelo Económico del Cambio

Figura 6.2
EL MODELO DE COMPETITIVIDAD SISTÉMICA
PAÍS–GOBIERNO–EMPRESA

Fuente: VILLARREAL, René. "México Competitivo 2020. Un Modelo de Competitividad Sistémica para el Desarrollo", Edit. Océano, México, 2002.

En este contexto, el país enfrenta la paradoja de ser *"uno de los países más abiertos y menos competitivos"* con una brecha de 46 lugares en la competitividad, basado en el último Reporte Global de Competitividad 2011-2012[25] los desafíos son

---

[25] El Reporte Global de Competitividad 2011-2012 del Foro Económico Mundial reúne diferentes índices sobre aspectos fundamentales con base en datos duros (estadísticas e indicadores) y de los resultados de la Encuesta Ejecutiva de Opinión, para obtener el Índice Global de Competitividad.

los siguientes. México se ubicó en el lugar 58 de una muestra de 142 países, con una puntuación promedio de 4.3 puntos de un máximo de 7.

El Índice Global de Competitividad se compone a su vez de 12 pilares que incluyen en Requerimientos Básicos Instituciones, Infraestructura, Estabilidad Macroeconómica, Salud y Educación Primaria, Educación Superior y Capacitación. En Mejoradores de la Eficiencia se incluyen: Eficiencia del Mercado de Bienes, Eficiencia del Mercado Laboral, Desarrollo del Mercado Financiero, Aptitud Tecnológica, Magnitud de Mercado y en Sofisticación de la Innovación se encuentran: Sofisticación de los Negocios e Innovación (ver gráfica 6.2).

El Modelo Económico del Cambio

Gráfica 6.3
LOS DOCE PILARES DE LA COMPETITIVIDAD DE MÉXICO

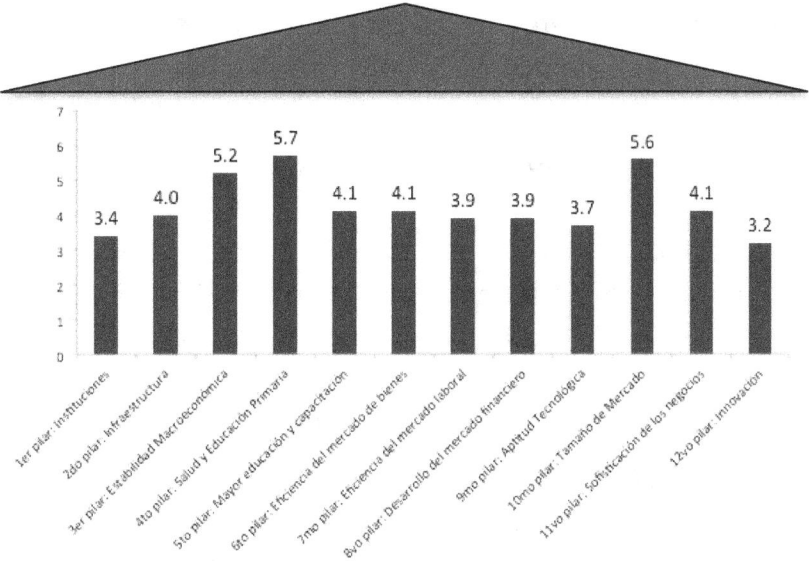

Fuente: Reporte Global de Competitividad 2011-2012 del Foro Económico Mundial.

En la figura anterior se observan las calificaciones obtenidas por México en cada una de las categorías que integran los doce pilares de la competitividad. Los pilares con una mejor calificación son: Salud y educación (5.7 de un máximo de 7); Tamaño de mercado (5.6) y Estabilidad (5.2).

Se obtuvo una calificación regular en los pilares de: Infraestructura (4.0); Mayor educación y capacitación (4.1); Eficiencia de Mercado de bienes (4.1); Sofisticación de los negocios (4.1); Eficiencia del mercado laboral (3.9) y Desarrollo del Mercado Financiero (3.9)

Finalmente, las peores calificaciones se obtuvieron en los pilares más importantes para sustentar el crecimiento y un desempeño exitoso en la economía del conocimiento: Innovación (3.2); Instituciones (3.4) y Aptitud tecnológica (3.7).

Los rubros donde México destaca por su posicionamiento son: Tamaño de mercado en el lugar 12 (5.6) y Estabilidad macroeconómica en el lugar 39 (5.2). Por el contrario, se encuentra en lugares muy abajo en los rubros de eficiencia del mercado laboral en el lugar 114 (3.9) e instituciones en el lugar 103 con una calificación de 3.4.

El Modelo Económico del Cambio

Cuadro 6.1
POSICIONAMIENTO COMPETITIVO DE MÉXICO

	Lugar (entre 142 países)	Calificación (1-7)
Índice Global de Competitividad (IGC) 2011-2012	58	4.3
IGC 2010-2011 (entre 139 países)	66	4.2
IGC 2009-2010 (entre 133 países)	60	4.2
Requerimientos básicos (38.6%)	67	4.6
1er pilar: Instituciones	103	3.4
2do pilar: Infraestructura	66	4.0
3er pilar: Estabilidad Macroeconómica	39	5.2
4to pilar: Salud y Educación Primaria	69	5.7
Mejoradores de la Eficiencia (50.0%)	53	4.2
5to pilar: Mayor educación y capacitación	72	4.1
6to pilar: Eficiencia del mercado de bienes	84	4.1
7mo pilar: Eficiencia del mercado laboral	114	3.9
8vo pilar: Desarrollo del mercado financiero	83	3.9
9mo pilar: Aptitud Tecnológica	63	3.7
10mo pilar: Tamaño de Mercado	12	5.6
Factores de Innovación y Sofisticación (11.4%)	55	3.7
11vo pilar: Sofisticación de los negocios	56	4.1
12vo pilar: Innovación	63	3.2

Fuente: Reporte Global de Competitividad 2011-2012.

Desde la perspectiva de la competitividad en el ambiente de negocios, *México enfrenta la paradoja de la sobre y la sub-regulación*. Por un lado existe sub-regulación en el caso de los monopolios, oligopolios y prácticas competitivas; pero por el otro lado, seguimos enfrentando problemas de sobre-regulación burocrática en los trámites y en la capacidad para generar un ambiente favorable para los negocios.

Así, se observa que en el *Doing Business* 2012 del Banco Mundial, México se colocó en el lugar 53 (entre 183 países), no obstante esto significa el avance de 1 lugar respecto al año anterior cuando ocupó el lugar 54, el país se encuentra rezagado en aspectos tan importantes como la apertura de un negocio (que se refiere al tiempo promedio que toma constituir una empresa, el costo y capital mínimo requerido como porcentaje del PIB per cápita) donde cayó nueve lugares y se colocó en el número 75.

Asimismo, en las categorías de facilidad con la que las empresas en el país pueden asegurar los derechos de propiedad (incluye el número de pasos, el tiempo y el costo de registro de la propiedad) y obtención de la electricidad, se mantuvo en la posición 140 y 142 respectivamente. Lo que indica que todavía tenemos mucho camino por avanzar para eliminar estos obstáculos en el ambiente de negocios que finalmente frenan la competitividad del país (ver cuadro 6.2).

Cuadro 6.2
MÉXICO EN EL DOING BUSINESS 2012

	Doing Business 2012 Clasificación	Doing Business 2011 Clasificación	Cambio
	53	54	1
Apertura de un negocio	75	66	-9
Manejo de permisos de construcción	43	49	6
Obtención de electricidad	142	142	No cambió
Registro de propiedades	140	140	No cambió
Obtención de crédito	40	45	5
Protección de los inversores	46	44	-2
Pago de impuestos	109	110	1
Comercio transfronterizo	59	62	3
Cumplimiento de contratos	81	81	No cambió
Resolución de la insolvencia	24	23	-1

Fuente: Doing Business 2012, Banco Mundial.

La política de competencia y los oligopolios

Autores como Ruchir Sharma, en su reciente libro *"Breakout Nations: In Pursuit of the Next Economic Miracles",* en su capítulo titulado *Mexico´s Tycoon Economy* co-relaciona que el estancamiento de México se debe a los grandes oligopolios y a la concentración en solo 10 familias de los más altos ingresos que generan un bajo crecimiento, inversión, innovación y productividad, lo que finalmente explica el estancamiento del país aunque les permite a algunas de sus empresas ser multinacionales. Así establece[26]:

> *"Cada nación tiene sus grandes magnates, pero en un alto grado México es propiedad de ellos. Las primeras 10 familias de negocios controlan casi cada industria, desde los teléfonos hasta los medios de comunicación, lo cual les permite extraer altos precios sin mucho esfuerzo y disfrutar de márgenes de ganancia inusuales, eso explica por qué México ha tenido uno de los mercados accionarios más calientes y una de las economías más lentas en el mundo emergente. Durante los últimos 10 años el mercado de valores mexicano aumentó*

---

[26] SHARMA, Ruchir, "Breakout Nations: In Pursuit of the Next Economic Miracles", Capítulo 5: Mexico´s Tycoon Economy, Amazon Kindle, 2012.

El Modelo Económico del Cambio

más de 200% en términos de dólares mientras que en los Estados Unidos el S&P 500 estuvo esencialmente plano, aun cuando la economía mexicana no crece más rápido que la de su vecino del norte. Esta desconexión perversa entre el mercado de valores y la economía es inusual en el ambiente global actual. En México, ello refleja, en un alto grado, el poder de los oligopolios.

Mientras las grandes compañías mexicanas usan sus grandes ganancias en casa para llegar a ser grandes multinacionales, México se ha quedado atrás. Los "mercados arrinconados" significan que los oligopolistas tienen pocos incentivos para invertir e innovar: el crecimiento doméstico de la productividad ha estado virtualmente estancado desde la crisis financiera de 1994…"

En este contexto, para que México avance en su política de competitividad sistémica requiere avanzar en una política de competencia que regule los oligopolios y las prácticas anticompetitivas, lo cual permitiría no solo mayor bienestar al consumidor sino, finalmente, una mayor productividad y crecimiento de la economía. No obstante, es importante diferenciar y entender que la política de competencia es una parte de la política de competitividad sistémica.

El Modelo de Competitividad Sistémica

Por lo que se ha visto en este pilar, para que México avance en la competitividad se requiere un enfoque y política de competitividad sistémica en los diferentes niveles:

A nivel microeconómico se requiere fomentar el capital empresarial, a través de programas de fomento a las PyMEs tanto en su gestión administrativa como en el área de innovación y especialmente el desarrollo de las PyMEs tecnológicas para que puedan insertarse a la manufactura digital, flexible y personalizada de la tercera revolución industrial. El capital laboral, requiere no solamente la capacitación y continuo aprendizaje en la planta productiva, sino impulsar el enfoque universidad-empresa para desarrollar a los trabajadores del conocimiento; esto es, avanzar de la formación tradicional de calificación a la mano de obra y pasar al desarrollo de habilidades de la mente obra formando profesionales y técnicos del conocimiento.

El Modelo Económico del Cambio

A nivel mesoeconómico, la política de competitividad sistémica debe fomentar el capital organizacional a través del desarrollo de clusters integrados funcionalmente a lo largo de la cadena global de valor; el capital logístico implica el desarrollo de una infraestructura moderna tanto en carreteras, aeropuertos, puertos industriales, telecomunicaciones modernas, ferrocarriles y transporte, que permitan así la competitividad logística, pues en esta nueva era de la hipercompetencia global "*es el pez más rápido el que se come al más lento*"; el Sistema Nacional de Innovación es fundamental para desarrollar el capital intelectual a través de parques tecnológicos y de promover las ciudades internacionales del conocimiento como ha sido el caso exitoso de Monterrey y en un futuro, la Ciudad de México que tiene un amplio potencial para convertirse en una Capital del Conocimiento. Aquí es importante no solamente elevar la inversión en ciencia y tecnología e innovación a nivel de la empresa, sino crear clusters en innovación y desarrollo tecnológico como es el caso del Parque de Investigación e Innovación Tecnológica (PIIT) en la Ciudad Internacional del Conocimiento en Monterrey.[27]

---

[27] Ver VILLARREAL, René, "Construyendo una Ciudad Internacional del Conocimiento. El Caso de Monterrey", presentado para el IFKAD, Mattera, Italia, 2008.

A nivel macroeconómico, la política de competitividad sistémica implica fomentar los precios macro (o eficiencia macroeconómica) correctos como son el precio del dólar, el tipo de cambio real (TCR) y el precio del dinero: la tasa de interés nominal y la real.

Normalmente, los economistas se refieren a los precios a nivel microeconómico, pero olvidan la importancia de la competitividad a nivel macroeconómico, aquí el precio más importante en una economía abierta a la hipercompetencia global como la mexicana es el precio del dólar. México requiere avanzar a una nueva política de flotación administrada del tipo de cambio que tenga como objetivo mantener el TCR competitivo y que evite también la alta volatilidad de una política supuestamente de "flotación libre", pero que en la práctica se ha convertido en una flotación administrada al revés donde generalmente se establece un techo (que hoy seria 14 pesos por dólar) en lugar de establecer un piso (por ejemplo 13 pesos por dólar) alineando el tipo de cambio para mantenerlo estable y competitivo pero en términos reales, esto es tomando en cuenta los diferenciales de inflación domestica con respecto a la internacional.

El Modelo Económico del Cambio

Por otra parte, se requiere un sistema financiero y fiscal competitivos que permitan disponibilidad de financiamiento, plazos y tasas de interés competitivos internacionalmente, así como regímenes fiscales que den certidumbre y confianza a los inversionistas al tiempo que establece tasas impositivas similares a la de los socios comerciales y costos de transacción bajos en la operación fiscal. Finalmente, un crecimiento sostenido y estable de la demanda agregada es fundamental para mantener una utilización aceptable de la capacidad de producción de las plantas productivas, pues los proceso de "pare y siga" en donde se crece el 10 por ciento la demanda agregada y se reduce a cero por ciento, obliga a las empresas a trabajar con niveles muy bajos de su capacidad y elevar sus costos de producción fijos unitarios sacando los de la competencia internacional.

La dinámica macroeconómica o del crecimiento pleno y sostenido la podemos representar en lo que hemos llamado el Diamante de las Palancas del Crecimiento: los índices de acumulación de capital (inversión/PIB) y de ahorro interno (que determinan la brecha ahorro-inversión y la necesidad de ahorro externo) y por otra parte el índice de innovación que determina el crecimiento de la productividad y el coeficiente o índice tributario que es la capacidad de inversión pública (no inflacionaria) del gobierno para el desarrollo de los capitales logístico, organizacional e intelectual.

En este contexto, la competitividad macroeconómica va más allá del tradicional y aún presente enfoque en México de una macroeconomía de estabilización que descuida las otras variables estratégicas de competitividad macroeconómica en especial el tipo de cambio real y la tasa de interés activas real.

La Competitividad Internacional se refiere al modelo de apertura y la formación del capital comercial. Esto es, México tiene varios acuerdos de libre comercio, pero concentra su comercio internacional en casi un 80 por ciento con los Estados Unidos, por lo que la utilización del potencial comercial que ha generado la política de acuerdo esta "sub-utilizada" y requiere de una estrategia de inserción y promoción más activas de las empresas mexicanas en estos países.

La Competitividad Internacional implica no solamente acuerdos de libre comercio, sino programas preventivos ante prácticas de *competencia desleal,* muy común en el mundo actual, y del contrabando que es un fenómeno de *auto-dumping* que puede cancelar el crecimiento competitivo de nuestra propia industria en México. En este contexto, la competitividad internacional implica un modelo de apertura eficiente con un programa de defensa a la competencia desleal, así como la formación y desarrollo de nuestro capital comercial.

El Capital Institucional y Gubernamental se refiere al modelo de gestión gubernamental y Estado de derecho que son determinantes del entorno de la competitividad de las empresas.

Un gobierno eficaz y eficiente que provea los servicios públicos y el fomento económico y social a través de políticas públicas, competitivas e innovadoras, en un esquema desburocratizado, transparente y que opera con simplificación administrativa. Esto es lo que forma el capital gubernamental de una sociedad moderna.

El Estado de derecho se sustenta en la formación y desarrollo del capital institucional de una sociedad y se caracteriza por tres elementos fundamentales: reglas del juego claras (leyes y reglamentos), organizaciones transparentes (instituciones propiamente dichas) y un sistema de vigilancia que haga cumplir las reglas del juego con transparencia, eficacia y con los mínimos costos de transacción.

México carece de una economía institucional de mercado fundamentada en un estado de derecho y que frena la eficiencia y competitividad de las empresas en los mercados bancario-financiero, laboral y de bienes y servicios, en donde no existe un nuevo marco legal a la altura de la nueva economía global. De aquí la importancia de desarrollar los capitales institucional y gubernamental para la competitividad de la economía y las empresas.

A nivel del sistema político-social la formación del *Capital Social, que es la confianza en las instituciones y rumbo del país*, implica el fortalecimiento de las condiciones sobre las cuales es posible la gobernabilidad y la cohesión social. En primer lugar, la eficacia de las instituciones políticas es condición *sine qua non* del desarrollo democrático, lo mismo que la eliminación de las condiciones que reproducen el círculo vicioso que une a la pobreza, la exclusión y la inestabilidad socio-política.

La seguridad es un bien público necesario para poder no solo generar bienestar social, sino también para atraer las inversiones y promover la competitividad. La inseguridad no solo eleva los costos de transacción en una economía sino que llega al extremo de inhibir la producción en las empresas, cuando no se puede garantizar la seguridad pública. *De aquí que México tiene el gran desafío de rescatar al país de la violencia y recuperar la paz social.*

El Modelo Económico del Cambio

Es así, que cualquier política de competitividad sistémica y productividad tiene que ser de largo plazo y con una visión de futuro. Por ello, es fundamental promover un proyecto de nación enmarcado en un plan estratégico y sustentado en la formación y desarrollo del capital social: *la confianza y la seguridad*.

El capital social es un factor que contribuye a la disminución de los costos de transacción y a la resolución de problemas de acción colectiva como podría ser la provisión de los bienes públicos o un problema de externalidades en el consumo o en la producción, en los que la cooperación de los individuos genera mayores niveles de bienestar social y puede mejorar el funcionamiento de los mercados, elevando la productividad.

En relación a la producción, el capital social funge como un insumo que facilita la coordinación y cooperación en el proceso productivo. Sin embargo, a diferencia del resto de los factores de la producción presenta rendimientos crecientes a escala; es decir, no es consumido o agotado con el proceso productivo.

El capital social (*la confianza y la seguridad*) afecta de manera directa el desempeño de las instituciones y los gobiernos, así como alcanzar su potencial de desarrollo. Una sociedad organizada y participativa tiene la capacidad de presionar a su gobierno sobre sus demandas. Es así, que los problemas de índole social como la pobreza, marginación, participación política, entre tantos otros dilemas de acción colectiva, no dependen únicamente del proceso económico sino de la interacción de fuerzas económicas, políticas y sociales que en gran medida son el resultado de la fortaleza y eficacia de las instituciones de una sociedad.

El Modelo Económico del Cambio

PILAR 2

LA REINDUSTRIALIZACIÓN TRIDIMENSIONAL Y LA POLÍTICA DE COMPETITIVIDAD INDUSTRIAL

La estrategia de la reindustrialización de México como el principal motor del crecimiento, implica romper con la paradoja del modelo exportador actual de manufactura de ensamble con desarticulación interna de las cadenas productivas bajo el cual crecen las exportaciones, pero se importa la mayor parte de los insumos y bienes de inversión lo que ha conducido a una desindustrialización; esto es, la participación de la industria como proporción del PIB ha bajado.

La industrialización como motor del crecimiento es estratégica en países exportadores como Alemania y Corea del Sur entre otros. Asimismo, como lo plantea Prestowitz [28] en un artículo reciente, la estrategia de reindustrialización es fundamental para retomar a la industria como motor del crecimiento por varias razones:

- Resolver el problema macroindustrial de un crecimiento mediocre del PIB producto de un

---

[28] PRESTOWITZ, Clyde, "The case for Intelligent Industrial Policy", Stategy + Business, Buzz&Company, Issue 64, Autum 2011, 10-13 pp.

proceso de desindustrialización y desarticulación interna de las cadenas productivas. Esto es lo que permitirá reducir la elasticidad ingreso de las importaciones y la propensión marginal a importar y así elevar el multiplicador macro de la inversión y exportación.

- Tanto desde el punto de vista de la teoría del desarrollo económico como de la experiencia histórica la industria manufacturera genera elevados encadenamientos productivos hacia atrás y hacia adelante *"1 dólar invertido en la manufactura crea 2 dólares o más de ingreso en otras actividades, por contraste 1 dólar invertido en comercio al detalle crea alrededor de 45 centavos de ingreso adicional."*

- Genera economías a escala.

- El sector manufacturero promueve la innovación de nuevos productos y procesos de una manera más dinámica que otros sectores.

- Porque tiene mayores encadenamientos, economías de escala y es en el sector donde la innovación de procesos tiene su campo natural.

El Modelo Económico del Cambio

- Genera los empleos de mayor calidad.

La nueva estrategia de *reindustrialización abierta tridimensional (IAT)* se debe basar en tres pivotes: el exportador, el de sustitución competitiva de importaciones y el endógeno. El pivote exportador con articulación interna de las cadenas productivas implica un nuevo proceso de sustitución competitiva de importaciones, esto es sustituir las importaciones que se han generado en exceso por el sesgo proimportador y que eliminado éste se pueden sustituir de manera competitiva a diferencia del viejo modelo proteccionista de sustitución de importaciones, pues hoy estamos en una economía abierta a la competencia internacional.

Impulsar la nueva etapa de reindustrialización como motor del crecimiento requiere de una nueva política de competitividad industrial y dejar atrás los viejos enfoques de la política industrial proteccionista, así como el basado en que la mejor política industrial es la que no existe. La política de competitividad industrial y sistémica se basa en un enfoque integral[29] que es sistémico porque debe ser microeconómico enfocado en la empresa; mesoeconómico en los sectores productivos

---

[29] Ver "México Competitivo 2020. Un Modelo de Competitividad Sistémica para el Desarrollo", Edit. Océano, México, 2002.

apoyada en clusters, centros logísticos multimodales y parques de innovación y desarrollo tecnológicos, así como competitividad macro con precios macroeconómicos competitivos (el principal tipo de cambio real, tasas de interés impuestos) y competitividad comercial internacional a través de una política de fomento a la exportación integral.

Es fundamental entender que la industria y la manufactura deben ser un motor dinámico del crecimiento económico como lo es para países como Brasil, Corea o Alemania, entre otros. En el caso de México se requiere de un proceso de reindustrialización apoyado en los motores sectoriales del crecimiento; en primer lugar la propia manufactura que debe recobrar su dinamismo con un enfoque que permita integrar las cadenas productivas y el escalamiento de la cadena de valor y así transitar de la manufactura a la mentefactura y que es lo que permite generar empleos más productivos y de calidad y salarios remunerativos.

Por otra parte, como parte de la política de competitividad industrial y sistémica se deben impulsar de manera más agresiva los sectores que más impulsen la economía interna, entre ellos el energético y petroquímico -observando la experiencia de Brasil- y abrirse a alianzas estratégicas no subordinadas que le permitan el control del sector petrolero pero al mismo tiempo elevar y potenciar su plataforma de producción y exportación.

El motor del turismo tiene que recobrarse de manera más integral y sin duda el aumento en la seguridad pública tendrá que ir acompañada con programas de promoción para este sector. Asimismo, La perspectiva de mejoramiento en los términos de intercambio en el sector alimentos y de *commodities* hacen que el sector agronegocios y pesquero recobren importancia en la estrategia sectorial de crecimiento y finalmente, la construcción y vivienda como motores endógenos de crecimiento por sus múltiples encadenamientos productivos tanto hacia atrás como hacia adelante.

En esta perspectiva hay que enfatizar que una estrategia de desarrollo interno tiene ambos componentes los motores de la demanda interna y externa que hay que apoyar de manera eficiente con una política macro bidimensional que busque elevar el PIB potencial de la economía al 6% al mismo tiempo que la estabilidad de precios.

Así, el proceso de reindustrialización de México requiere apoyarse en los motores sectoriales del crecimiento, con un enfoque que permita integrar las cadenas productivas y el escalamiento de la cadena de valor, transitando de la *manufactura a la mentefactura* que es intensiva en conocimiento.

Esto es, se requiere avanzar de la manufactura de ensamble, a la manufactura integrada y a la mentefactura que genera empleos de más calidad y productividad y de salarios remunerativos, lo cual le permitiría a México el escalamiento pleno a una economía industrial avanzada como lo es hoy día Corea del Sur (ver figura 6.3).

Figura 6.3
ESCALAMIENTO DE VALOR
DE LA MANUFACTURA A LA MENTEFACTURA

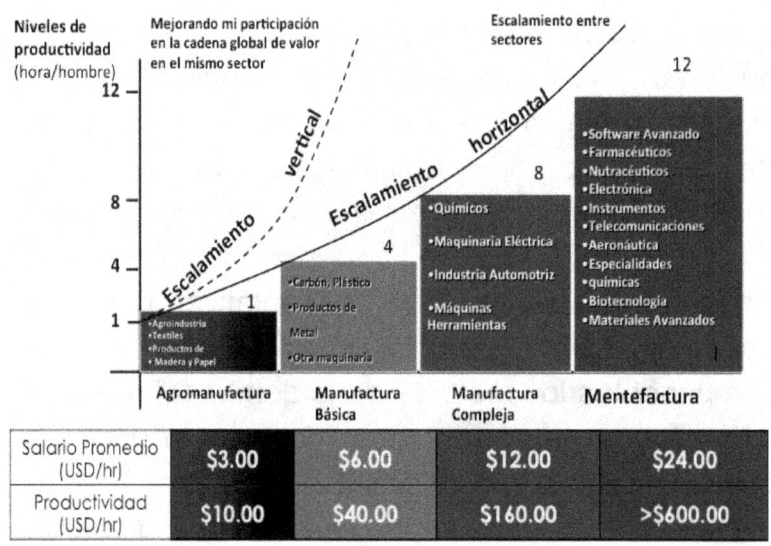

En esta nueva etapa de reindustrialización, es necesario transitar a la mentefactura ya que los impulsores de la nueva economía tienen como soporte a la revolución tecnológica en la información, las telecomunicaciones y la manufactura asistida por computadora, esto es, la marcha acelerada de la tercera revolución tecnológica (con sus grandes transformaciones en la informática, la microelectrónica, los nuevos materiales, la biotecnología, la nanotecnología y las telecomunicaciones), promueve y posibilita los procesos de globalización en la industria, el comercio, los servicios y las finanzas, componentes característicos del capitalismo global.

Los adelantos en las telecomunicaciones y transportes hacen que la velocidad sea parte sustancial de la competitividad y que las barreras o determinantes geográficos se eliminen. El nuevo soporte tecnológico nos ha conducido a la definición del nuevo nombre del juego, que es la hipercompetencia global en los mercados locales, donde el capital intelectual es el factor estratégico de la ventaja competitiva sustentable de las empresas con atributos que denominamos IFA (Inteligente en la organización, Flexible en la producción, Ágil en la comercialización) con capacidad y velocidad de respuesta.

En la nueva era de la globalización ya no se compite empresa versus empresa sino:
Polo regional-cluster-empresa IFA
versus
Polo regional-cluster-empresa IFA.

El nuevo juego de la hipercompetencia global en los mercados internacional y local obliga a las empresas, gobiernos e instituciones a unir esfuerzos para ser más competitivos. La cadena productiva se convierte en una cadena global de valor que actúa con eficiencia de operación y de integración y donde los eslabones se comunican y retroalimentan; es decir, el eslabón o departamento de investigación y desarrollo se comunica con el de producción y éste a su vez con el de distribución, marketing y viceversa. La cadena global de valor opera bajo un Sistema Integral Inteligente: Innovación-Manufactura-Marketing.

Esto es una nueva estrategia de desarrollo que evite caer en el falso dilema de crecimiento hacia afuera versus hacia adentro. El camino es un crecimiento con apertura a la competencia internacional apoyándose en ambos motores, tanto en el mercado interno como en el externo.

Una nueva estrategia de industrialización que evite caer en el falso dilema de Industrialización sustitutiva versus industrialización exportadora contará con:

- Una industrialización abierta y tridimensional basada en los tres pivotes: exportador, de sustitución competitiva de importaciones y endógeno.

El Modelo Económico del Cambio

- Una nueva política industrial que evite caer en el falso dilema de Política de liberalización y apertura versus política industrial seleccionadora de ganadores y perdedores.

- Una nueva política de competitividad sistémica y productividad.

En resumen, el reto es avanzar en una nueva etapa de industrialización exportadora con articulación de cadenas productivas que permitan disminuir el coeficiente de importaciones, y generar un nuevo proceso de sustitución competitiva de importaciones, lo que permitiría relajar la restricción de la brecha externa al crecimiento. Por ello planteamos aquí, la necesidad de promover una nueva estrategia de Industrialización Abierta Tridimensional (IAT) basada en tres pivotes: el exportador, el de sustitución competitiva de importaciones y el endógeno (ver figura 6.4).

Ésta debe ser acompañada de una nueva estrategia de crecimiento balanceado y política industrial, bajo el enfoque de competitividad sistémica y articulación productiva en donde el catalizador fundamental son las PyMEs.

Figura 6.4
LA REIDUSTRIALIZACIÓN TRIDIMENSIONAL Y SUS TRES PIVOTES

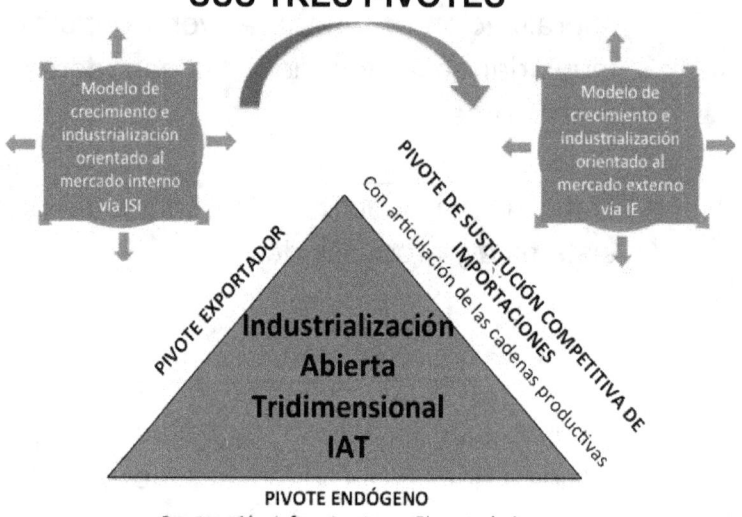

Se trata en definitiva, de impulsar una Política Industrial Tridimensional que fomente el desarrollo de tres pivotes: el exportador, el de sustitución competitiva de importaciones y el endógeno. De esta manera, será posible que el crecimiento del aparato productivo interno, y de la economía en general, descanse sobre bases sólidas y se reduzca su vulnerabilidad y dependencia a condiciones externas favorables.

La estrategia de industrialización abierta tridimensional (IAT) que se plantea, rompe con el falso dilema del crecimiento vía exportaciones

El Modelo Económico del Cambio

versus sustitución de importaciones, al apoyar el crecimiento de:

- El pivote exportador;

- El de sustitución competitiva de importaciones, que permita articular las cadenas productivas que se han desintegrado en la última década y permita bajar el coeficiente de importaciones para que al crecer no se abra la brecha externa y se generen maxidevaluaciones y crisis recurrentes; y

- El pivote endógeno, impulsando industrias como la de la construcción, que presenta amplios encadenamientos tanto hacia atrás como adelante y es intensiva en el empleo, así como sectores y actividades prioritarias y estratégicas para el desarrollo integral de México, lo cual permitiría contar con bases internas de crecimiento que amortigüen los choques externos, además de configurar un ambiente de negocios que propicie la inversión extranjera y nacional.

Para que esta nueva política industrial tridimensional que se propone sea exitosa, debe formar parte de una estrategia de crecimiento integral bajo un enfoque de competitividad sistémica, por lo que se requiere de una nueva cultura de competitividad a todos los niveles o lo que es lo mismo, mejores niveles de competitividad en la esfera micro, meso, macro, internacional, político-social e institucional-gubernamental fomentando el desarrollo de sus respectivos capitales. Se trata en definitiva, de construir una nueva política de competitividad industrial tridimensional activa consistente con el nuevo escenario económico internacional de hipercompetencia global en los mercados locales.

En este nuevo contexto, el papel de PEMEX como palanca de desarrollo y empresa clase mundial será definitivo para impulsar el crecimiento competitivo de México. Lograr lo anterior implicará trabajar en varias vertientes:

- Realizar los cambios constitucionales necesarios para otorgarle autonomía de gestión y presupuestal, como lo propone su Director General, Juan José Suárez Coppel.

- Traducir esta autonomía de gestión en planeación estratégica que le permita afrontar las coyunturas de los precios internacionales y eliminar las trabas del control presupuestal.

• Para convertirse en palanca del desarrollo del país, su inversión deberá tener un mayor impacto en la economía nacional a través de las cadenas productivas. Como en los años 70, del total de la inversión 2/3 partes iban al mercado nacional, lo que requiere de una sustitución competitiva de importaciones en maquinaria y equipo, tecnología, entre otros.

• La formación del capital intelectual debe ir más allá de la tradicional capacitación. Aquí es fundamental la propuesta para la creación de la Universidad de PEMEX, pues permitiría a la empresa contar con ingenieros, técnicos y profesionales que requiere el sector.

• Mantener un nivel de inversión de al menos 20 mil millones de dólares anuales para lograr la meta de volver a producir 3 millones de barriles de crudo al día entre 2017 y 2018, requiere de alianzas estratégicas no subordinadas con el sector privado como inversión complementaria.

Finalmente, cabe destacar que varios países han incluido a la política de competitividad industrial como parte de sus estrategias de crecimiento económico, como lo plantea Consultores

Internacionales en el documento "México. La Ruta del Progreso: Plan de Acción para una Política Industrial Flexible y Dinámica (2012-2030):

"Los países que tienen política industrial y visión de largo plazo han logrado niveles de alta competencia y valor de la industria, que no necesariamente se reflejan en un incremento constante en la participación del PIB nacional sino especialmente en los encadenamientos con los sectores de servicio y comercio, resultado de integraciones productivas y apoyos a la innovación y desarrollo tecnológico. Naciones como Corea, China, India y Brasil impulsan políticas industriales activas y explícitas para promover la competitividad de las industrias y los sectores industriales. Cuando se tiene una política industrial es posible mejorar la eficiencia de los recursos y coordinar las acciones para competir en el ámbito internacional."

No obstante, cabe destacar que se trata de una nueva política industrial con características muy diferente de la vieja política proteccionista (ver tabla 6.1)

El Modelo Económico del Cambio

Tabla 6.1
POLÍTICA DE COMPETITIVIDAD INDUSTRIAL

Viejo Paradigma	Nuevo Paradigma
Política Industrial Proteccionista	*Política de competitividad industrial*
Economía cerrada	*Economía abierta*
Crecimiento hacia adentro	*Crecimiento balanceado*
	Indust. tridimensional
ORIENTACIÓN	
Fomento de la actividad industrial a través de eliminar la competencia del exterior vía la protección	*Fomento de una política industrial de competitividad a través del desarrollo de los diez capitales de la competitividad sistémica que se constituyen en los pilares fundamentales que sustentan el crecimiento pleno del PIB per cápita en una economía abierta.*
INSTRUMENTOS	
Política de protección, regulación y fomento indiscriminado a todos los sectores(aranceles, permisos previos de importación, regulación excesiva, subsidios)	*Política de competitividad, que desarrolle las capacidades competitivas de los sectores a través de los diez capitales.*
PROTAGONISTA	
El Estado protagonista y patrimonialista	*Empresario líder y el Estado promotor*
ORIENTACION DEL EMPRESARIO	
Producción sin tomar en cuenta los costos- precios Orientado al mercado interno por sesgo antiexportador. Poco interesado por la innovación	*Industrialización articulada con escalamiento de valor basado en la innovación: de la manufactura a la mentefactura competitiva sustentable.*

Fuente: Elaboración propia.

El Modelo Económico del Cambio

PILAR 3

MODELO MACROECONÓMICO BIDIMENSIONAL: CRECIMIENTO CON ESTABILIDAD

El modelo macroeconómico unidimensional de estabilidad sin crecimiento que ha caracterizado a México en las últimas dos décadas, ha tenido a la inflación como su único objetivo macroeconómico, establecido en la propia Ley Monetaria del año 1993. En esta última década del estancamiento estabilizador la inflación ha sido la más baja (3.7% promedio), pero también lo ha sido el crecimiento (1.7% del PIB promedio); por ello es el momento de pasar a un enfoque macroeconómico bidimensional, como en los Estados Unidos en donde ambos la inflación y el crecimiento son objetivos de la política monetaria del banco central.

Así, podemos decir que la *reforma estructural prioritaria es adecuar la Ley Monetaria* incorporándole los dos objetivos de crecimiento e inflación, esto es crecimiento pleno con estabilidad de precios.

La política macroeconómica de crecimiento con estabilidad tiene a su vez dos dimensiones que son fundamentales: elevar los coeficientes macroestructurales que hemos llamado el póquer de seises; esto es crecer al 6% implica elevar los coeficientes de ahorro, inversión y tributario en seis puntos porcentuales.

Pero por otro lado requiere de un "*management*" o gestión de la política macroeconómica que tenga como objetivo prioritario el crecimiento del 6% con equilibrios tanto interno (estabilidad de precios) como externo (equilibrio en la balanza de pagos), pues el arte del manejo de la política macroeconómica no es estabilizar la economía con estancamiento sino poder crecer a capacidad plena a (100 kms/hr) generando estabilidad tanto interna como externa.

Un modelo de crecimiento pleno y sostenido implica que la trayectoria de crecimiento pleno de la economía (por ejemplo 6% del PIB) sea compatible con equilibrio externo (déficit externo menor o igual a 3% del PIB) y una inflación baja y estable (entre 3.5 a 5% anual); esto implica una política macroeconómica consistente y favorable a la competitividad. Para cumplir con esta meta es necesario que el coeficiente de inversión, tributario y de ahorro aumenten en 6 puntos porcentuales, es decir, se requiere de un póquer de seises:

El Modelo Económico del Cambio

Figura 6.5

PÓQUER DE SEISES

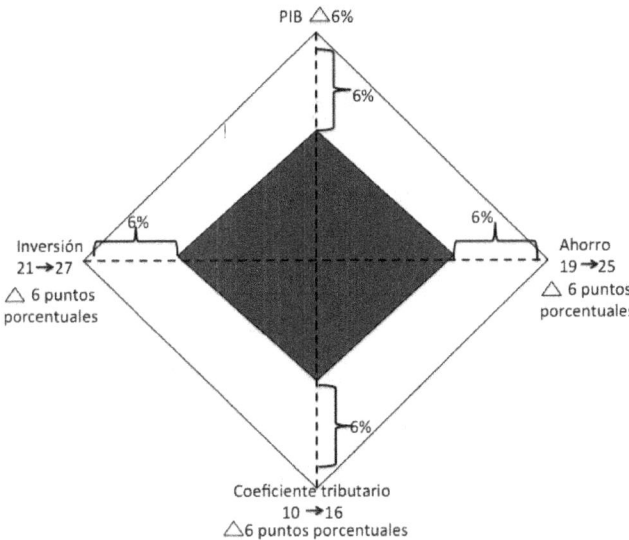

- Ahorro del 20 al 26%, en 6 puntos porcentuales. Para lograr aumentarlo será necesario implementar políticas que ayuden a incentivar el ahorro a nivel nacional; a nivel de empresas se requerirá que se incentive la reinversión de utilidades; a nivel de las personas, se utilizarán como instrumentos los fondos para el retiro y vivienda; por último, el ahorro proveniente del exterior tendrá que mantenerse en un nivel de alrededor de 3%.

- Inversión del 21 al 27% del PIB, elevarlo 6 puntos. Para lograrlo será necesario incrementar la eficiencia en la producción, a través de la realización de proyectos rentables, realizados en un marco institucional sólido. En este sentido, el capital intelectual será el eje promotor del desarrollo y del aumento de la productividad.

- Tributario del 10 al 16%, se define como la recaudación como porcentaje del PIB (6 puntos) México es uno de los países con menor recaudación, con alrededor de 10% del PIB, y el reto es aumentarla para poder mantener el equilibrio fiscal y al mismo tiempo realizar los gastos de inversión y sociales adecuados.

- Elevar la productividad aumentando la inversión en innovación, ciencia y tecnología de 0.4% al 1.2% del PIB.

- El coeficiente crediticio (crédito de la banca comercial a las empresas) por lo menos habría que cuadriplicarlo de 15% del PIB al 60% para financiar el desarrollo.

El Modelo Económico del Cambio

El Modelo Macro Bidimensional

La política macroeconómica en el estancamiento estabilizador ha tenido como objetivo único la inflación y el crecimiento ha sido una variable residual, por ello el crecimiento tan bajo de 1.7% promedio en la década, aun en esta época de altos excedentes petroleros. Por otra parte, el déficit externo ha sido muy bajo de entre 1 y 2% del PIB porque la economía no crece, (no porque sea competitiva) y no requiere de elevadas importaciones de bienes intermedios y de capital; por otra parte todos los instrumentos de política macroeconómica cambiaria, monetaria y fiscal van dirigidos a la estabilidad de precios y no cumplen con el principio básico de Jan Timbergen (primer Premio Novel de Economía); esto es que se requiere al menos un instrumento eficaz e independiente para cada objetivo de crecimiento, inflación y equilibrio externo.

Figura 6.6

MODELO MACRO BIDIMENSIONAL: CRECIMIENTO COMPETITIVO CON EQUILIBRIO INTERNO Y EXTERNO

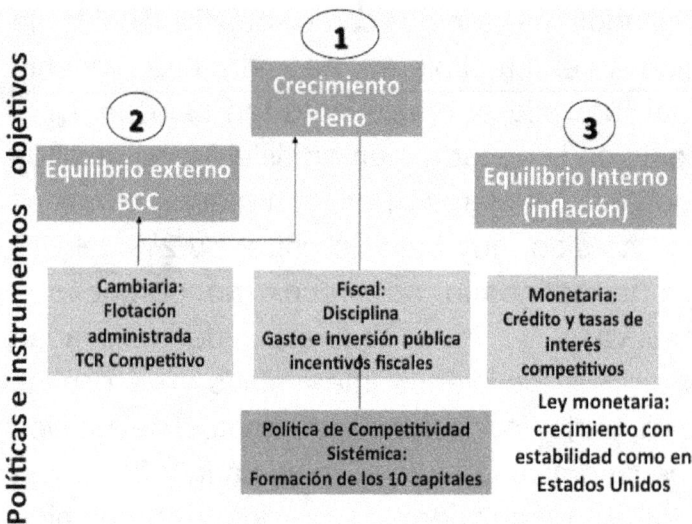

Fuente: Elaboración propia.

El modelo macro de crecimiento requiere establecer como prioridad el crecimiento pleno de la economía al 6% del PIB potencial, con equilibrio interno, esto es inflación de entre 3.5-4.5% y equilibrio externo, déficit en cuenta corriente menor o igual al 3%; pero aquí se requiere la asignación correcta de los instrumentos de la política macroeconómica: que el tipo de cambio tenga como objetivo el equilibrio externo y busque la meta de un tipo de cambio real competitivo y estable, lo que se requiere no es solo la estabilidad del tipo de cambio nominal sino la del tipo de cambio real; la política monetaria debe enfocarse a la estabilidad de precios y la fiscal al crecimiento económico. En este contexto se requiere alinear las políticas macroeconómicas de la siguiente manera:

- **La política monetaria.** La Ley Monetaria del Banco Central debe reformarse para establecer que el Banco de México debe tener ambos objetivos: estabilidad y crecimiento económicos, como la Reserva Federal de los Estados Unidos, manteniendo su actual autonomía respecto al gobierno.

  Mucho se ha escrito sobre la importancia de las reformas estructurales y del papel que podrían jugar en el desempeño económico de México, pero la primera reforma que debería plantearse es la referente al Artículo 28 de la Constitución y a la Ley del Banco de México para que éste, además de la estabilidad del poder adquisitivo del peso, tenga como mandato también el crecimiento económico. La autonomía del banco central no debe confundirse con independencia de la política económica; la autonomía debería limitarse al hecho de que el banco central no esté obligado a financiar los déficits del sector público; y en la responsabilidad en el manejo de la política monetaria (tasa de interés y crédito), pero en coordinación y armonía con el resto de la política macroeconómica (política fiscal y cambiaría) y con ambos objetivos: estabilidad de precios y crecimiento económico.

En la reforma a la Ley del Banco de México y al Artículo 28 de la Constitución deben establecerse los mecanismos de coordinación para que la actuación del banco central se enmarque dentro de la política económica que defina el gobierno federal, de forma que atienda las prioridades que sobre los objetivos definan el Congreso de la Unión y el Poder Ejecutivo Federal. Sin duda, es esencial que exista coordinación institucional en la definición de la política monetaria y cambiaria. Por ejemplo, el Banco de México al establecer la meta de inflación de 3.5 a 4.5% (*inflation targeting*) debería coadyuvar a través de la política monetaria (crediticia y de tasas de interés) con el programa macroeconómico del Gobierno Federal (documento de Criterios de Política Macroeconómica) que se presenta y se aprueba también por el Congreso de la Unión.

Aparte de reconocer que existen otros objetivos fundamentales, es muy importante que la reforma incorpore criterios de eficacia y eficiencia, puesto que actualmente nadie le pide cuentas al Banco de México sobre el costo económico que ha tenido el mantener como objetivo único la estabilidad de los precios. Tal parece que solo necesita cumplir con la estabilidad de precios independientemente del costo al que se alcance. El *trade-off* que ocurre entre inflación y crecimiento no ha estado presente dentro de los criterios con los que se ha regido Banxico, por lo que la política monetaria y cambiaria que ha seguido el banco central no se ha evaluado en términos del costo económico que significa no crecer al ritmo del PIB potencial, pues la diferencia entre éste y el PIB real representa la magnitud de la ineficiencia macroeconómica (ver gráfica 6.3, Pilar 4).

La política monetaria, debe enmarcarse en la macroeconomía bidimensional de estabilidad con crecimiento, en donde la tasa de interés debe manejarse para alcanzar este objetivo, aunada a la política crediticia de la banca comercial y la banca de desarrollo que debe estimularse para fomentar el crecimiento. Así, el crédito de la banca comercial a las empresas que pasó de 44% en 1994 a alrededor del 15% del PIB actualmente, no solo tiene que revertirse sino llegar a tasas superiores al 60% del PIB como es el caso de Brasil, Chile y otros países emergentes, no se diga China que es mayor al 100% del PIB. La banca de desarrollo debe capitalizarse y establecer políticas de fomento crediticio a través de la banca comercial tanto para el apoyo de las PyMEs como para el fomento a la innovación y el desarrollo de la infraestructura. Respecto a esta política crediticia se requiere la coordinación entre la Secretaría de Hacienda y Crédito Público y el Banco de México.

En síntesis, manejar una política monetaria flexible y ágil que tenga ambos objetivos la inflación y el crecimiento económico requiere[30]:

- Reconocer el éxito alcanzado en la estabilidad de precios, inflación de 4.4% en la década 2001-2011 (en el rango de 3.5 a 4.5% que debería ser la nueva meta del *inflation targeting*) y avanzar a la reforma estructural más importante que es la Reforma Monetaria, adecuando la Ley del Banco de México de un enfoque macro-unidimensional de un solo objetivo a otro macro-bidimensional, de inflación y

---

[30] Para una explicación más amplia ver mi libro "El Modelo de Apertura Macroestabilizador. La Trampa al Crecimiento y a la Competitividad", publicado en amazon.com René Villarreal.

El Modelo Económico del Cambio

crecimiento, como la Reserva Federal de los Estados Unidos.

- Autonomía del banco central sí, pero no independencia de la política económica. Es crucial la armonía y coordinación de la política macroeconómica entre la Secretaría de Hacienda y Crédito Público (coordinadora sectorial de la política económica) y el Banco Central, respetando la autonomía de éste, pero alineando los instrumentos de la política macroeconómica a ambos objetivos (inflación y crecimiento). Así vemos hoy día que el Grupo de los 20 se reúne para coordinar y armonizar las políticas macroeconómicas de los países sin afectar su soberanía y autonomía nacionales. Por lo tanto, es importante distinguir que el Banco Central debe ser autónomo pero no manejarse independiente de los objetivos de la política económica del país.

- Flexibilizar la meta del *inflation targeting* del 3.5 al 4.5% de inflación anual, respecto al rango actual del 3 al 4%. Así como Oliver Blanchard (FMI) plantea que en esta época es conveniente aumentar en un punto la meta de inflación mundial, lo que permitirá flexibilizar las políticas macroeconómicas (coadyuvando al crecimiento) sin riesgo inflacionario. Este planteamiento de elevar el margen de la meta de inflación (en solo 0.5%) es más importante de lo que pudiera parecer a primera vista pues la actual meta del 3 al 4% de inflación está forzando a manejar las riendas más cortas y a enfriar la economía, lo que finalmente frena el crecimiento con políticas contraccionistas. Así por ejemplo, desde el punto de vista de la salud no es lo mismo pedirle a un paciente que la meta de su temperatura debe ser de 35º a 36º centígrados que es inalcanzable la meta inferior, cuando en realidad lo óptimo es que sea entre 36º y 37º grados centígrados y pareciera que la diferencia solo es un punto, pero es trascendental en el manejo del diagnóstico y la medicación al paciente.

- El manejo de sintonía fina (*fine-tuning*) de los dos instrumentos de política monetaria, tasa de interés y crédito es fundamental en una macroeconomía bidimensional, pero finalmente la tasa de interés afecta más a la estructura de costos-precios y a la competitividad de la economía, y el crédito al crecimiento de la producción e inversión: *"no hay crédito más caro que el que no existe"*. México tiene que incrementar su coeficiente crediticio (superior al 60%) como en otros países emergentes, pues sigue presentando uno de los coeficientes más bajos aún entre los países de menor desarrollo.

- **La política cambiaria**. El régimen actual de política cambiaria más que de "flotación libre" es de *"flotación administrada al revés"* en la cual, en la práctica, se establece un techo en lugar de un piso al tipo de cambio nominal y el banco central interviene vendiendo dólares al mercado cuando se deprecia el tipo de cambio pero no cuando se aprecia.[31]

En este contexto, la política cambiaria actual muestra los siguientes problemas que frenan

---

[31] Recientemente, ante la entrada de capitales el Banco de México prefirió una política dual de compra de dólares para aumentar las reservas del Banco Central y buscar bajar las tasas de interés respecto a las internacionales para frenar el impacto negativo en los casos de flujos de capital excesivos del exterior. Esta política se diferencia con la de Brasil que establece impuestos a la entrada de capitales.

un crecimiento pleno y competitivo de la economía mexicana:

• Presenta una continua apreciación cambiaria, afectando a la competitividad de toda la economía. Lo que frena no sólo las importaciones de bienes y servicios sino también la sustitución competitiva de importaciones, desarticulando las cadenas productivas. Como lo expresa Dani Rodik: *"los economistas saben desde hace mucho tiempo que los tipos de cambio mal manejados pueden ser desastrosos para el crecimiento económico".*[32] Este es el caso para la economía mexicana en las últimas dos décadas.

• El tipo de cambio nominal ha sido altamente volátil, afectando las decisiones de los agentes económicos que no pueden proyectar sus inversiones en el mediano plazo y afectando su rentabilidad en el corto plazo. Así, un empresario frena sus inversiones en el sector exportador

---

[32] RODRIK, Dani (2007), "*The Real Exchange Rate and Economic Growth: Theory and Evidence*", Octubre de 2008, http://ksghome.harvard.edu/~drodrik/RER and growth.pdf

El Modelo Económico del Cambio

cuando no puede predecir, por ejemplo, que el tipo de cambio se mantendrá alrededor de $14 pesos por dólar, sino que éste puede bajar en un 20% aún en el corto plazo. Diferente sería saber que el Banco Central buscaría mantener al menos este nivel como piso.

• En la práctica el tipo de cambio nominal (TCN) se utiliza como un ancla deflacionaria, pues el Banco de México interviene con la venta de dólares solamente cuando se deprecia el TCN y no cuando se aprecia. Esto es, en la práctica no es un régimen de flotación libre, pues el Banco Central interviene en el mercado por lo que es una flotación administrada al revés, donde se establece un techo y no un piso en el TCN.

• En una economía altamente abierta a la hipercompetencia global como la mexicana, son los precios internacionales los que regulan, en general, los precios internos, pues los excedentes de demanda, cuando enfrentan restricciones por el lado de la oferta, se canalizan a las importaciones y no a la inflación.

- Por otra parte, el desequilibrio externo o déficit en cuenta corriente (dcc) de la balanza de pagos ha sido menor al 2% del PIB en la última década, porque la economía no crece y el efecto ingreso de las importaciones es muy bajo (por el estancamiento). No obstante, cuando se promueve un crecimiento del 6% del PIB dada la elevada elasticidad ingreso de las importaciones, si no se cierra la brecha externa de exportaciones menos importaciones de bienes y servicios, aparecería *"ceteris paribus"* (todo lo demás constante) déficits externos difíciles de sostener, como fueron los casos de 1982 y 1994, que alcanzaron alrededor del 6.5% del PIB y provocaron maxi-devaluaciones. En otras palabras, la verdadera restricción al crecimiento no es la inflación sino el déficit externo "subyacente" que surgiría cuando la economía crezca de manera sostenida a su PIB potencial del 6%. De aquí, la importancia estratégica de que el crecimiento debe de ir acompañado de una política de competitividad sistémica que promueva al mismo tiempo que el crecimiento pleno ir cerrando la brecha externa (déficit en cuenta corriente).

El Modelo Económico del Cambio

El régimen de política cambiaria más que de "flotación libre" es de "flotación administrada al revés" debe cambiar y tener como meta el tipo de cambio real (TCR) competitivo, que es *"el precio relativo más importante en una economía abierta a la globalización"* para promover una eficiente asignación de recursos entre los sectores de bienes comerciables versus los no comerciables.

Así, el precio del dólar es el más importante porque afecta a los precios de toda la economía y sus distorsiones (apreciación o sobrevaluación del TCR) implican *impuestos implícitos a la exportación* y a las actividades generadoras de ingresos (remesas, transacciones fronterizas, turismo, entre otras) y es un subsidio a las importaciones de bienes y servicios, afectando a la competitividad de toda la economía. Así, la apreciación cambiaria y su volatilidad (30%) en México ha sido un lastre para la competitividad y ha frenado al crecimiento de las empresas exportadoras (principalmente PyMEs) y los sectores que compiten con importación, lo que ha desarticulado las cadenas productivas.

Un TCR competitivo es la política de competitividad más importante en una economía abierta y condición necesaria, mas no suficiente, para un crecimiento sostenido y competitivo. De aquí que el mejor régimen de política cambiaria para México sea la flotación administrada teniendo como meta el TCR competitivo y no solo la estabilidad del tipo de cambio nominal.

Este es el momento de hablar abiertamente de Flotación Cambiaria Administrada (no libre flotación) con la intervención de Banxico en el mercado de divisas con tres objetivos:

- Evitar la apreciación cambiaria anticompetitiva.

- Mantener el objetivo del TCR competitivo, evitando también la volatilidad excesiva del tipo de cambio nominal, como ha sido recientemente donde fluctúa entre $12 y $15 pesos por dólar; esto es, variaciones de 25% hacia arriba y hacia abajo. Aquí la meta debería ser un *"TCR-Competitivo targeting"*, en donde el piso, por ejemplo, podría ser $14 pesos por dólar y buscar la estabilidad cambiaria por encima de este nivel, lo cual reduciría el impacto negativo en la economía no solo de la volatilidad sino de la apreciación cambiaria.

El Modelo Económico del Cambio

- o Aumentar el nivel de reservas de manera importante y haciendo un uso inteligente de las mismas, regular las entradas excesivas de capitales golondrinos, a través -como lo plantea Banxico- de aumentar las reservas y bajar la tasa de interés, pero no estableciendo impuestos como el caso de Brasil.

- **La política fiscal**. Se requiere una reforma fiscal integral que permita elevar el coeficiente tributario del 10 al 16% del PIB controlando el gasto corriente, que permita fomentar la inversión pública del gobierno del 2.5% del PIB a un poco más del doble (6% del PIB) aparte de la inversión de PEMEX. Esto es fundamental para que el gobierno juegue el doble papel de promotor del crecimiento con políticas públicas eficientes, pero también con políticas contracíclicas que permitan un crecimiento balanceado.

    Por otra parte, se podría pensar que estamos entrampados en un círculo vicioso, sin embargo para poder realizar, en el corto plazo, una política tributaria que eleve la recaudación se requiere un escenario de crecimiento "para hacer crecer el pastel", pues el efecto ingreso de la recaudación es en la práctica más importante que el propio efecto de aumentos en las tasas impositivos; baste recordar que en el último sexenio el aumento de la tasa del IVA del 15 al 16% y del impuesto sobre la renta (ISR) del 25 al 28% (además del gravamen de control, IETU) aumentaron la recaudación solo del 3.6 al 3.7% en el IVA y de 4.7 al 5% en el ISR y a pesar de haber ampliado la base de 24.5 a 37 millones de contribuyentes. Esto es así porque el crecimiento del PIB de 1.7% en la década 2001-2011, fue tan bajo que frenó el efecto tributario del ingreso.

En otras palabras, no es viable pensar que el gobierno puede captar una proporción mayor del PIB con una economía estancada. En el corto plazo, el nivel de reservas internacionales (de más de 150,000 millones de dólares), la política de flotación administrada, una inflación anual menor al 4.5% y la misma apertura de la economía, hacen posible crecer al 5% del PIB anual y posteriormente con los cambios en la política económica alcanzar la meta del 6% promedio anual.

En este campo, se necesita una reforma fiscal integral y ha habido varias propuestas (entre ellas la del CEESP) que deberían analizarse, en esta coyuntura del 2012-2013 de cambio de gobierno.

El Modelo Económico del Cambio

Así el CEESP plantea 10 propuestas de reformas al sistema fiscal[33]:

- *Eliminar las exenciones al pago de impuestos.*
- *Generalizar el IVA, fortaleciendo medidas compensatorias para los más pobres.*
- *Redefinir y evaluar el Presupuesto de Gastos Fiscales (PGF).*
- *Conservar el IETU y eliminar el ISR.*
- *Fortalecer el impuesto a los depósitos en efectivo (IDE).*
- *Abaratar el costo de la formalidad en la contratación de trabajadores.*
- *Facilitar la integración de los pequeños contribuyentes al sector formal.*
- *Reforzar el impuesto a la gasolina.*
- *Incrementar la efectividad y el cumplimiento de la administración tributaria.*
- *Fomentar una cultura de formalidad y legalidad.*

Desde la perspectiva de la simplificación administrativa podría ser más funcional eliminar el IETU y dejar el ISR. No obstante, es algo que habría que evaluar con más profundidad.

---

[33] Para una explicación más amplia de las propuestas ver "Por una Reforma Integral de las Finanzas Públicas", Centro de Estudios Económicos del Sector Privado (CEESP), 2009, 27-29 pp.

Probablemente para que la propuesta de generalizar el IVA, tenga viabilidad política y social requiere fortalecer las medidas compensatorias para los más pobres, pero etiquetando parte de ese incremento a los impuestos para los programas sociales de este sector. En esta perspectiva, Santiago Levy ha hecho un planteamiento integral de lo que sería el Sistema de Seguridad Social Universal (SSU) y propone[34]:

- *Un IVA generalizado del 16%, podría generar los 519,000 millones de pesos al año que se requieren, de un total potencial a recaudar de 833,000 si se establece la tasa cero y exenciones de impuestos actuales.*

- *En este esquema se etiquetaría el 10% del IVA para el Fondo Nacional para la Seguridad Social Universal y el 6% restante sería considerado como un impuesto común y corriente, que iría al gasto público general.*

- *Se estima que 29,000 millones de pesos deberían asignarse a la población más pobre que se vería afectada y esto se podría compensar a través de programas como oportunidades.*

---

[34] Publicado en "Detalla Levy esquema de seguro universal", Gonzalo Soto, Periódico Reforma, 17 de julio de 2012.

El Modelo Económico del Cambio

En este contexto, mientras que el esquema de salud y medicamentos sería cubierto por este el Sistema de Seguridad Social Universal (SSU), sería conveniente que una canasta muy básica: maíz, tortilla, frijol, huevo, pollo y leche, entre otros, sí quedara exenta de impuestos

El desafío de una reforma fiscal y hacendaria integral, es uno de los grandes temas que tendrá que enfrentar la nueva administración, pero que resulta impostergable para poder promover un crecimiento sostenido del 6% del PIB en el mediano plazo.

Desde una perspectiva más integral de la reforma hacendaria, esto es tributaria, del gasto en inversión y de financiamiento y deuda pública es importante considerar los siguientes aspectos:

- **Política de Ingresos**. Aumentar los ingresos tributarios del 10 al 16% del PIB. Esto requiere de un ambiente de crecimiento económico, pues a un pastel que no crece no se le puede extraer el 6% del PIB.

- **Política de Gasto en Inversión**. Crear la Comisión de Planeación-Financiamiento de la Inversión Pública para crear un portafolio de proyectos estratégicos y de infraestructura y elevar el coeficiente de la inversión pública del 2.5% del PIB actual (sin incluir PEMEX, que representa el 2% del PIB) a un poco más del doble, 6% del PIB.

- **Política de Financiamiento y Deuda Pública.** Utilización del financiamiento vía deuda pública, solo para la inversión pública (no gasto corriente) que sea redituable y que permita recuperar en el mediano y largo plazos los recursos y al mismo tiempo apoyar inversiones en proyectos estratégicos y recapitalizar a la banca de desarrollo.

El manejo de la política macroeconómica, en una economía abierta a la globalización, es un arte y de sintonía fina (*fine-tuning*). Se requiere "aflojar las riendas o quitar el freno de mano" de la política macroeconómica en un esquema más flexible para poder alcanzar el crecimiento con estabilidad, que en México es viable dadas sus fortalezas: una década con estabilidad de precios (menor al 4.5% anual), un nivel relativamente bajo de deuda pública (alrededor del 40%), equilibrio fiscal (déficit del 0.5% del PIB sin PEMEX) y elevado nivel de reservas internacionales (más de 150,000 millones de dólares). Así, es urgente cambiar las prioridades y que el principal objetivo sea el crecimiento pleno con equilibrios interno y externo.

El Trilema de la Política Macroeconómica y el 'arte de sintonía fina' en su gestión (management)

Una de las restricciones que enfrenta la asignación óptima de instrumentos independientes a objetivos de política económica (crecimiento con estabilidad de precios y equilibrio externo en balanza de pagos) es el llamado "trilema de la política macroeconómica", que consiste en la imposibilidad de tener al mismo tiempo:
- Un tipo de cambio fijo.
- Política monetaria independiente.
- En un marco de libre movilidad de capitales a través de la frontera.

La teoría establece que se puede contar con solo dos de los tres elementos de política arriba expuestos. Esto es importante, porque en los últimos años post-crisis (2008) el libre movimiento de capitales ha generado, en ocasiones, el problema de que las entradas excesivas de divisas aprecian o revalúan el tipo de cambio perdiéndose la competitividad cambiaria de la economía. Este fenómeno en los últimos años, se ha presentado en Brasil y México, entre otros países, producto también de las bajas tasas de interés en Estados Unidos y Europa.

En el caso de Brasil se ha tratado de regular (no controlar) la excesiva entrada de capitales a través de impuestos, con efectos limitados. En cambio en México, como lo manifiesta el propio Gobernador del Banco de México, Agustín Carstens, se 'regula' (limita su impacto) a través de intervenir en el mercado con la compra de divisas y/o de reducciones en la tasa de interés, lo que disminuye el atractivo a la inversión extranjera en cartera y por lo tanto a la entrada de capitales.

En este contexto, la compra de dólares en el mercado de divisas, (a través de la moneda local) implica por un lado un aumento en las reservas internacionales del banco central y por el otro, un incremento en la cantidad de dinero en circulación en la economía; así, en este caso se mantiene la libre movilidad de capitales bajo un esquema de "flotación administrada", (que permite la intervención del banco central en el mercado de divisas) pero afecta la independencia de la política monetaria pues la autoridad en este campo también puede "esterilizar" la inyección monetaria del circulante, lo que a su vez presionaría al alza a la tasa de interés.

"La lección principal que se deriva de las consideraciones anteriores (como menciona Everardo Elizondo) *es muy relevante: si lo que se quiere es lograr y mantener la independencia en materia de política económica, el camino*

adecuado es la flotación cambiaria... aceptando sus derivaciones" [35] o en un esquema intermedio de flotación cambiaria administrada, agregamos nosotros. Sin duda, el manejo o gestión (*management*) de la política macroeconómica es un 'arte y de sintonía fina' más en el contexto actual de economías abiertas a la globalización y libre movilidad de capitales.

El tema de las experiencias con políticas macroprudenciales y su impacto en el trilema de política macroeconómica tiene hoy relevancia pues en México, la entrada de capitales y su impacto en el mercado financiero y cambiario es muy importante, baste señalar lo que reporta el Banco de México: *"Entre enero y junio del 2012 ingresaron al país 32 mil 849 millones de dólares a los mercados de dinero y accionario, lo que representó un monto sin precedente, y respecto a la cifra del mismo lapso de 2011, fue 57 por ciento mayor. Esto es 3.4 veces superior al flujo de recursos procedentes de la Inversión Extranjera Directa (9,622 md)."* [36]

---

[35] ELIZONDO, Everardo, "Un 'trilema' de política económica", Periódico Reforma, 7 de junio de 2007.

[36] JARDÓN. Eduardo, "Inversión de mexicanos en el exterior superior a la IED", El financiero, 27 de agosto de 2012.

El Modelo Económico del Cambio

PILAR 4

CRECIMIENTO PLENO, SOSTENIDO Y SUSTENTABLE

El desarrollo integral de México requiere además de un modelo macro-bidimensional y de crecimiento balanceado y competitivo avanzar en tres dimensiones más: el crecimiento pleno, sostenido y sustentable.

- El crecimiento pleno significa que la economía crezca al 6% de su PIB potencial. Si el auto puede alcanzar una velocidad de 100 km/hr (6% del PIB) y solamente alcanza 1/3 de su velocidad (2% del PIB) significa que la economía está subempleada y hay una elevada ineficiencia macroeconómica que se mide por el diferencial del PIB potencial con el PIB real, que en este caso sería del 4% puntos porcentuales del PIB.

- El crecimiento sostenido significa mantener constante a través del tiempo la tasa de crecimiento pleno del 6% promedio anual, pero evitando caer en los procesos de "pare y siga" (*stop and go*) producto de las crisis recurrentes y de los ciclos recesivos de los Estados Unidos como nuestro principal socio comercial en donde se concentra el 80% de nuestro intercambio. Así, las crisis recurrentes provienen principalmente de los desequilibrios externos o déficits en cuenta corriente que son insostenibles y terminan en maxi devaluaciones y procesos recesivos inflacionarios como fue en 1982 y 1995. Por otra parte, la recesiones del 2001 y 2002, así como la del 2009 fueron producto de los ciclos recesivos en la economía de los Estados Unidos y la ausencia de una política macroeconómica contracíclica y de una estrategia de crecimiento balanceado (ver Pilar 1).

- El crecimiento sustentable se refiere a que el crecimiento pleno hay que alcanzarlo produciendo sin destruir los recursos naturales y sin contaminar el medio ambiente, esto es lo que se llama el crecimiento verde: producir sin destruir y promoviendo un mejor medio ambiente que permita elevar la calidad de vida de la población.

El Modelo Económico del Cambio

Crecimiento pleno

Un crecimiento pleno significa crecer al PIB potencial de la economía, que en el caso de México sería del 6% promedio anual. Para alcanzarlo, se requiere una política macroeconómica sólida en sus dos vertientes: estructural y de manejo de la demanda agregada.

Estos significan que el auto tiene capacidad (motor, sistema eléctrico, etc.) para crecer a 100 km/hr de manera sostenida, pero esto no es suficiente ya que además se requiere que no tenga puesto el "freno de mano" con la política cambiaria, monetaria, fiscal y salarial que permita poner el acelerador para alcanzar esta velocidad constante, evitando el frene y arranque de las llamadas crisis recurrentes.

Gráfica 6.4
MÉXICO: PIB REAL VS. PIB POTENCIAL
(PIB Real: Miles de nuevos pesos a precios de 1980)

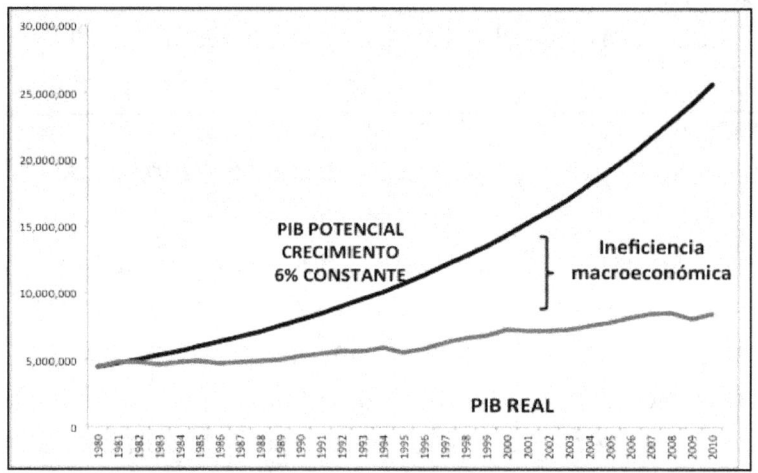

Fuente: Elaboración propia con datos de Banxico.

La ineficiencia macroeconómica de crecer solo al 2% promedio en la última década, significa tener 2/3 partes de los factores macroeconómica (empresas, mano de obra, etc.) ocioso; de tal manera que es el momento –alcanzada la estabilidad de precios- de pasar al modelo de macro bidimensional del crecimiento.

Así, el modelo económico debe ser capaz de generar un crecimiento pleno, es decir, mantener una tasa de crecimiento cercana al PIB potencial de cada economía y mantenerla a lo largo del tiempo, que es una condición necesaria pero no suficiente para generar un desarrollo integral, esto

El Modelo Económico del Cambio

es, crecimiento sostenido, sustentable e incluyente. En otras palabras, la economía de cada país es una "locomotora" que debe correr a su velocidad potencial (100 km/hr = 6% de crecimiento del PIB), de manera constante o sostenida (sin procesos de "pare y siga"), además no debe contaminar, ser sustentable y debería ser capaz de subir a la gran mayoría de la población al tren del desarrollo.

Alcanzar el PIB pleno o potencial significaría en primer lugar, quitar "el freno de mano" y "aflojar las riendas cortas" para que el crecimiento de la demanda agregada (consumo + inversión + exportaciones) alcancen al PIB potencial. No obstante, en el corto plazo se elevaría el déficit de cuenta corriente de la balanza de pagos por lo que sería necesario que el crecimiento también fuera competitivo para cerrar esta brecha externa, pero también en su caso se ajustaría con movimientos en el tipo de cambio y finalmente financiado con la entrada de capitales y las mismas reservas internacionales.

Una vez que se alcance capacidad plena de la economía a través del incremento en la demanda agregada sería necesario aumentar la inversión productiva, para aumentar "la frontera de posibilidades de producción", aquí sería clave promover el llamado póquer de seises principalmente las inversiones pública privada y extranjera. En este contexto, lo que es inaceptable es continuar con los niveles de ineficiencia macroeconómica del modelo actual del estancamiento estabilizador con crecimientos de alrededor del 2%, pues de haber crecido en la década al 4% el PIB sería el doble y al 6%, sería tres veces mayor. Esto representa el costo macroeconómico de la subutilización de la planta productiva y el trabajo.

Crecimiento sostenido

Un crecimiento sostenido es fundamental para el desarrollo integral del país ya que permite evitar caer en crisis externas recurrentes, que terminan con un proceso de pare y siga (*stop and go*), producto de la incapacidad para financiar el déficit en la balanza en cuenta corriente, que a su vez provocan una maxidevaluación con su impacto recesivo inflacionario. Consecuentemente, para generar un modelo de crecimiento sostenido se requiere de una política macroeconómica que mantenga una brecha externa (menor o igual al 3%) que sea financiable con capital externo (financiamiento e Inversión Extranjera Directa) de mediano y largo plazos.

El Modelo Económico del Cambio

Al mismo tiempo, es necesario generar un nivel de reservas internacionales en el Banco Central que permita enfrentar los choques externos y la volatilidad cambiaria. Finalmente, se requiere una política de competitividad sistémica que permita fomentar las exportaciones, sustituir competitivamente las importaciones e integrar la cadena de valor. En su conjunto, dichas políticas permiten transitar a un modelo macroeconómico más competitivo capaz de impulsar el crecimiento pleno y sostenido de la economía con equilibrio externo.

La estrategia de crecimiento solo hacia fuera ha llevado a procesos similares de "pare y siga" como las crisis externas recurrentes, el fenómeno se presenta como en los años 2001, 2002 y 2009, que cuando se para y entra en recesión la economía de los Estados Unidos la economía mexicana también se estanca, producto de la ausencia de políticas macroeconómicas contracíclicas y finalmente de una estrategia de crecimiento balanceado.

La estrategia de crecimiento balanceado es clave para evitar caer en estos ciclos recesivos y para encender la locomotora del mercado interno México requiere fomentar el consumo privado y principalmente las inversiones privada y pública como las variables fundamentales para reactivar la economía cuando se generan impactos negativos externos. Así, para promover un crecimiento sostenido se requiere cambiar el enfoque de políticas macroeconómicas procíclicas para enfrentar los auges y la recesión por un enfoque de políticas macroeconómicas anticíclicas como lo ha planteado José Antonio Ocampo.[37]

Crecimiento sustentable

En el contexto ambiental, la gestión del medio ambiente debe buscar principalmente mejorar la calidad de vida humana, promoviendo la productividad a largo plazo, la valoración económica de los recursos naturales, la reducción de la vulnerabilidad ante desastres naturales, la promoción de la salud básica, y el respeto al patrimonio cultural local.[38]

El Crecimiento Sustentable busca contribuir a elevar las tasas de crecimiento en condiciones que conduzcan al mejoramiento de la calidad de vida de la población, y a la reducción de la pobreza con la preservación o mejoramiento de la base de

---

[37] OCAMPO, José Antonio, Ensayo presentado en el XII foro de Biarritz: "La agenda del desarrollo después de la crisis financiera internacional".

[38] BID, "Crecimiento económico sustentable", Documento de estrategia, 2003.

recursos naturales, considerando el carácter transversal de la dimensión ambiental en el crecimiento económico.

Para que el crecimiento se convierta en desarrollo, se requiere un crecimiento sustentable desde la perspectiva ecológico-ambiental. Esto supone el tener una "locomotora" que se mueva a una velocidad plena, pero que no contamine, pues si seguimos utilizando "el combustible" como el carbón, se podrá crecer pero contaminando el medio ambiente, lo que genera no sólo un elevado costo económico y social sino finalmente destruye nuestro propio hábitat.

El crecimiento sustentable, sería como una "Locomotora Verde", que promueve el desarrollo del medio ambiente con políticas e incentivos a las actividades productivas verdes, con políticas de regulación adecuadas para que el país cuide el entorno y los recursos naturales que posee, al ser estos activos invaluables para la economía.

El Modelo Económico del Cambio

PILAR 5

CRECIMIENTO INCLUYENTE: EMPLEOS PRODUCTIVOS Y SALARIOS REMUNERATIVOS

El desarrollo integral de México implica un crecimiento incluyente y el modelo económico debe generar crecimiento pleno y sostenido, generando empleos productivos y salarios remunerativos para que el trabajador pueda adquirir los bienes y servicios necesarios para elevar su calidad de vida independientemente que en el corto plazo se siga apoyando con políticas asistenciales a la población. En otras palabras, un modelo económico "que fabrica pobres", genera desempleo y subempleo no puede mantenerse en el mediano y largo plazos, pues la marginación social finalmente genera conflictos en la sociedad. Un modelo que en la última década generó sólo 210,355 empleos formales (en el IMSS) promedio anual y 52 millones de pobres, nos obliga a encontrar un nuevo modelo económico con crecimiento incluyente.

La generación de empleos productivos y salarios remunerativos representa una condición fundamental para avanzar en la reducción de la pobreza, toda vez que los ingresos laborales, en especial los salarios, constituyen la principal fuente de recursos de las familias. De este modo, la creación de empleos de calidad, las mejoras en las remuneraciones reales (asociadas al incremento de la productividad) y la protección social son mecanismos que permiten traducir el crecimiento económico en mayores ingresos y mayor bienestar social para las familias.

El nuevo modelo económico debe promover el crecimiento competitivo, pero también incluyente capaz de generar más de 1 millón de empleos productivos y salarios remunerativos; reducir los altos niveles de pobreza incorporando a los 52 millones de pobres al desarrollo y mejorar la calidad de vida de toda la población.

En esta perspectiva el crecimiento incluyente debe trabajar en dos vertientes: *la asistencial* con programas como oportunidades y seguro popular, entre otros avanzando a un sistema de seguridad social integral; y la de generación de un modelo de crecimiento con empleo productivo y salario remunerativo.

La vertiente asistencial para que sea eficaz (alcanzar el objetivo) y eficiente (con el menor sacrificio de recursos) debe avanzar hacia un enfoque de asistencia universal e integral como lo

El Modelo Económico del Cambio

ha planteado Santiago Levy y, recientemente, Enrique Peña Nieto.[39]

Para que el modelo de crecimiento genere empleos productivos y salarios remunerativos debe promover, por el lado de las empresas, un desarrollo de actividades que sean más intensivas en conocimiento y mano de obra calificada y de incorporación de mayor valor agregado. Esto es, avanzar en la estrategia de escalamiento de valor transitando de la manufactura de ensamble, a la manufactura integrada y mentefactura. Por el lado de la oferta laboral, el sistema educativo debe formar y desarrollar técnicos y profesionales del conocimiento, por lo cual se requiere que el modelo productivo avance a través de un escalamiento en actividades de mayor valor agregado y el modelo educativo tenga formación y desarrollo de técnicos y profesionales que permita empatar el modelo educativo a las necesidades del mercado laboral. En este contexto la experiencia coreana ha sido sumamente exitosa.

El modelo histórico más exitoso respecto a este crecimiento es Corea del Sur, que en los años 60 del siglo pasado producía manufacturas ligeras como textiles (productos de valor de 1 dólar), en

---

[39] PEÑA NIETO, Enrique, "México La Gran Esperanza: Un Estado Eficaz para una Democracia de Resultados", Grijalvo Mondadori, México, 2011.

los 70 y 80 transitaron a industrias de manufactura más compleja y en las últimas dos décadas (1990-2011) a industrias intensivas en conocimiento. Dada la experiencia de este país existen dos directrices sobre las cuales debe establecerse la estrategia de crecimiento incluyente: el empleo y la pobreza.

Un desarrollo incluyente implica un modelo de crecimiento que genere, al tiempo que crece, empleos productivos con salarios remunerativos ya que ésta es la mejor política social a mediano y largo plazos porque al darle a la gente un empleo productivo con un salario real bien remunerado le permita acceder al mercado para comprar los satisfactores básicos: alimento, salud, vivienda y educación e ir elevando su nivel de vida y bienestar. Aquí, la política salarial también debe de ir acorde y tomar en cuenta no solo los incrementos en el costo de la vida sino de la productividad laboral, que permita además aumentar la masa salarial que también es fundamental para fortalecer el mercado interno y el crecimiento balanceado.

Se requiere trabajar por ambos lados de la "tijera" económica: la demanda de empleos por parte de las empresas productivas y la oferta de trabajo calificado a través de un sistema educativo que forme el capital humano para un crecimiento competitivo del sistema productivo nacional que en esta nueva era del conocimiento implica no solo promover mayores calificaciones de la mano de obra sino habilidades intelectuales de la "menteobra", esto es promover la formación de capital intelectual. A su vez permitirá avanzar en un sistema productivo en donde los sectores integren cada vez más valor agregado y avancen escalando a nuevas actividades que permitan transitar de la manufactura a la mentefactura (ver Pilar 2, figura 6.3).

La educación es el camino más eficaz y eficiente para elevar las capacidades técnico-profesionales y productivas de una población. Asimismo, el camino más corto para promover la movilidad social en un país que tiene que cerrar la brecha de la desigualdad. Es en este contexto, que es fundamental desarrollar un nuevo modelo educativo en el marco de la era del conocimiento y la Tercera Revolución Industrial de la manufactura digital.

La educación en la era del conocimiento y la sociedad digital

Desde la perspectiva de la educación se requiere desarrollar un nuevo enfoque educativo basado en el aprendizaje, la creatividad y la innovación que son fundamentales en la nueva era del conocimiento. En este contexto habría que visualizar cuatro vertientes del nuevo modelo educativo que se expresan en el diamante de la educación en la era del conocimiento (ver figura 6.7).

Figura 6.7
EL DIAMANTE EDUCATIVO EN LA ERA DEL CONOCIMIENTO

EDUCACIÓN SUPERIOR, FORMANDO PROFESIONALES Y TÉCNICOS DEL CONOCIMIENTO.

ENFOQUE DUAL INDUSTRIA- UNIVERSIDAD, PROGRAMA DE ASISTENCIA PyMEs

DESARROLLANDO EL CAPITAL INTELECTUAL

EDUCACIÓN INDIVIDUAL
bajo el enfoque de aprendizaje a lo largo de la vida (*long life learning*)

EDUCACIÓN EN LA SOCIEDAD DEL CONOCIMIENTO

EDUCACIÓN EN LA EMPRESA
"la planta o la empresa como aula", aprendizaje a través de células del conocimiento

EDUCACIÓN BÁSICA
orientada a la ciencia y basada en la innovación y en el aprendizaje

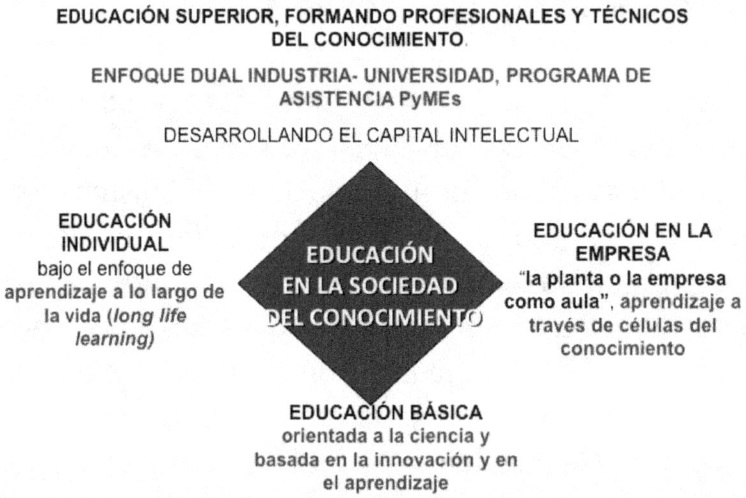

Un nuevo enfoque y modelo educativo que permita incorporar a los mexicanos en la sociedad del conocimiento y la Tercera Revolución Industrial de la Manufactura Digital, requiere desarrollar lo que hemos llamado el diamante educativo en la era del conocimiento.

El Modelo Económico del Cambio

El primer vértice es re-enfocar la educación superior teniendo como objetivo la formación de profesionales y técnicos del conocimiento; esto es, una educación superior orientada a actividades más intensivas en conocimiento y apoyada en la sociedad digital y de la información. Esto implica adecuar los contenidos de enseñanza en las propias universidades y tecnológicos y al mismo tiempo proveerles de la tecnología digital necesaria para su desarrollo. En otros casos crear nuevas carreras o especialidades como la de mecatrónica, biomedicina, biotecnología, nanotecnología, robótica, telemática, entre otras.

Por lo que es necesario incorporar el *enfoque dual universidad-industria* en donde los estudiantes puedan trabajar (más allá del servicio social tradicional) directamente en las empresas como prácticas profesionales, que les permitan fortalecer su formación teórico-práctica, esto requiere de nuevos enfoques y aquí habría que estudiar la experiencia de Alemania que ha sido muy exitosa en este campo.

En esta perspectiva habría que impulsar un nuevo programa de asistencia técnica y gestión administrativa a las PyMEs, a través de los estudiantes de cuarto y quinto año de carrera, que les permita elevar su competitividad con un manejo moderno en las áreas de administración, ingeniería, tecnología, contabilidad y marketing, entre otras.

Al mismo tiempo se deberían impulsar los programas de *PyMEs tecnológicas bajo el modelo de la triple hélice* que en una perspectiva de clusters integre los centros de investigación con los sectores productivos y el apoyo del gobierno.

Todo ello permitiría que México, teniendo una buena producción de ingenieros y técnicos, pueda potenciar su productividad y competitividad internacional formando y desarrollando así capital intelectual, factor estratégico en la era del conocimiento.

La nueva economía global se caracteriza por un cambio continuo y permanente en donde hoy día se reconoce que el conocimiento cambia cada cinco años. Como decía Eric Hobsbawn el gran historiador económico inglés, *"lo que antes cambiaba en un siglo hoy cambia en una década"*. Esta velocidad del cambio implica para las empresas y sus trabajadores, la necesidad de un nuevo enfoque de actualización continua en la propia planta productiva. Así en países como Corea del Sur más de la mitad del incremento de su productividad se debe a la actualización del conocimiento y las tecnologías de los trabajadores en la propia planta; esto es, actualizando los procesos de *learning by doing* y *learning by experience*. En este contexto, México requiere un programa de incentivos y acuerdos en su modernización laboral para convertir también la planta o la empresa en un aula.

En esta nueva era de la hipercompetencia global la ventaja competitiva sustentable se da en quien aprende e innova más rápido que la competencia, pero como lo vemos en una serie de industrias durante un mismo año el desarrollo de nuevos productos cambia el posicionamiento competitivo de las empresas y esto es producto de que las propias empresas a su interior han integrado los modelos de aprendizaje e innovación continua.

En el campo de la educación básica, debe haber un cambio importante para pasar del enfoque de memorización al de comprensión que les permita a los niños aprender y razonar en aspectos básicos como la comprensión de la lectura, las matemáticas y la ciencia. Esto implica, como ha sido la experiencia en los modelos educativos exitosos, el impulso de programas de actualización para los maestros bajo un enfoque en tres dimensiones: *aprender a desaprender*, lo que ya está obsoleto; *aprender a aprender,* dada la velocidad del cambio en el conocimiento y dado que éste no es estático y cambia rápidamente, es necesario enseñar a los alumnos a actualiza su propio conocimiento utilizando las herramientas tecnológicas disponibles, pues por ejemplo vía

Internet se puede acceder a las mejores bibliotecas del mundo así como los adelantos en la ciencia y la tecnología. Finalmente, es fundamental enseñarles a *aprender a emprender*, esto es a ser creativos e innovadores, pues hoy día la Tercera Revolución Industrial de la manufactura digital flexible y personalizada permite que un joven con su computadora apoyado con programas de incubadoras y de desarrollo de nuevos proyectos pueda avanzar también en sus propios negocios.

En otras palabras, un nuevo modelo educativo en esta era del conocimiento y de la sociedad digital requiere que el nuevo enfoque de aprendizaje que vaya desde la primaria a la educación superior y que continúe en la planta productiva en las propias empresas.

El desarrollo económico y social ha generado una mayor esperanza de vida y ampliado el horizonte de productividad laboral. Cuando antes a los 50 años, la gente se retiraba de la vida laboral, hoy la esperanza de vida ha aumentado en la mayoría de los países entre los 70 y más de 80 años y la edad de retiro se ha ampliado.

En esta nueva era de conocimiento, la población de la tercera edad puede seguir laborando y siendo productiva si también se le apoya con programas de aprendizaje y actualización bajo el enfoque de *aprendizaje a lo largo de la vida* (*long

El Modelo Económico del Cambio

life learning). Aquí se requiere de programas en donde la educación a distancia con una computadora y en centros comunitarios, puedan potenciar ampliamente el conocimiento de ésta población que además de hacerlos productivos les permite una vida más sana al seguir activos física y mentalmente.

El aprendizaje a lo largo de toda la vida abarca el aprendizaje en todas las edades y modalidades: formal, no formal e informal[40]. La estrategia a mediano plazo (2008-2013) de la UNESCO tiene como uno de sus objetivos globales para el sector educación "*Lograr la educación de calidad para todos y el aprendizaje a lo largo de toda la vida*". El Decenio de las Naciones Unidas de la Educación para el Desarrollo Sostenible, que la UNESCO coordina, ha hecho hincapié en la importancia de este enfoque como un factor estratégico para el Siglo XXI.

Durante las últimas décadas, el Instituto de la UNESCO para el Aprendizaje a lo Largo de Toda la Vida (hasta 2006 Instituto de la UNESCO para la Educación, UIE) ha organizado una amplia variedad de actividades en áreas estratégicas de acción en materia de defensa activa, investigación,

---

[40] Dos informes de la UNESCO, constituyen verdaderos hitos en el aprendizaje a lo largo de toda la vida (el Informe Faure, 1972; el Informe Delors, 1996) ya que articularon sus principios fundamentales.

fortalecimiento de capacidades y creación de alianzas. Entre ellas destacan los siguientes programas:

- Dialogo permanente de políticas sobre el aprendizaje a lo largo de toda la vida.
- Reconocimiento, validación, y acreditación de aprendizaje no formal e informal (RVA).
- Desarrollar programas para el fortalecimiento de capacidades.
- Conexión en redes.

El desafío educativo en esta nueva era del conocimiento es crucial para México, pues en el último Reporte Global de Competitividad el país ocupa lugares muy bajos en indicadores tan importantes como: Calidad del sistema educativo (lugar 107 entre 142 países); calidad en la educación en ciencias y matemáticas (126); disponibilidad de ingenieros (86) y capacidad de innovación (76). No obstante, cuenta con universidades y tecnológicos con reconocimientos internacionales como es la Universidad Nacional Autónoma de México (UNAM) y el Instituto Tecnológico de Estudios Superiores de Monterrey (ITESM).

PILAR 6

EL FINANCIAMIENTO AL DESARROLLO: LA BANCA COMERCIAL Y LA BANCA DE DESARROLLO

El financiamiento al desarrollo

El financiamiento al desarrollo es un pilar fundamental para promover un crecimiento pleno, sostenido y competitivo de la economía. México, desde la crisis bancaria de 1995, ha venido presentando limitaciones en la participación de la banca comercial en el crédito o financiamiento a las empresas y la banca de desarrollo prácticamente es inexistente.

El crédito a las empresas de la banca comercial bajó del 42.9% en 1994 al 17% en 2010, a pesar de contar con una estructura bancaria de primer mundo, pues la mayoría de los bancos son extranjeros, de prestigio internacional y presentan una capitalización sólida y elevada eficiencia microeconómica al generar utilidades muy importantes para sus matrices pero no cumplen con el que debería ser su principal objetivo: el financiamiento al desarrollo (ver gráfica 6.4).

Gráfica 6.5
FINANCIAMIENTO DE LA BANCA
AL SECTOR PRIVADO

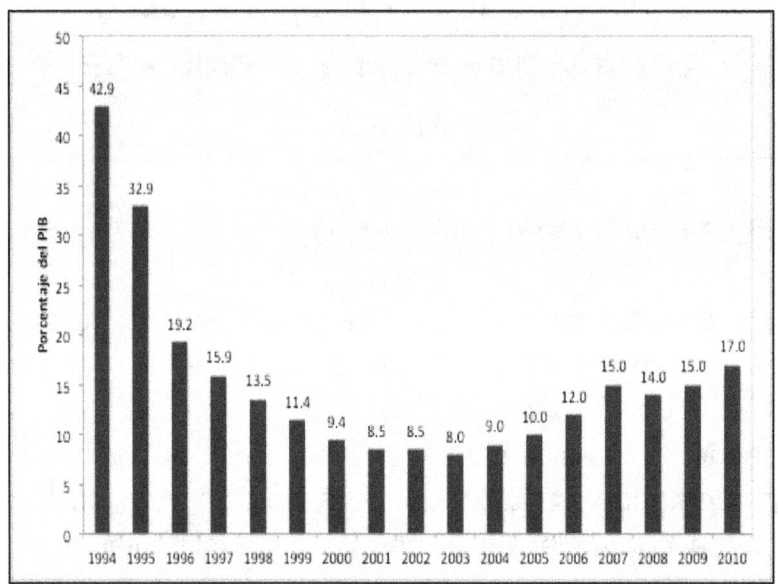

Fuente: Elaboración propia con datos de Banxico.

Por otro lado la participación de la banca de desarrollo, principalmente Bancomext y Nafinsa, ha sido muy limitada pues el crédito que otorga a las empresas solo represente entre el 2 y 3% del PIB. Es paradójico que un país que sustenta el desarrollo en un modelo exportador con exportaciones anuales de 350,000 millones de dólares no tenga un verdadero Ex-Im Bank y que Bancomext se encuentre prácticamente en un proceso de extinción.

El Modelo Económico del Cambio

Nafinsa como la banca de desarrollo industrial y de infraestructura no se haya capitalizado ni cuente con líneas de crédito internacionales para financiar el desarrollo, como lo es actualmente el BNDS, el banco de desarrollo de Brasil que apoya a sus propias empresas nacionales a jugar un papel más activo como empresas multinacionales en la economía global.

Por otra parte, las limitaciones de la banca comercial se observan en la última encuesta del primer trimestre de 2012 del Banco de México, donde se observa que el 82.9% de las empresas se financian principalmente a través de proveedores, solo el 35.2% a través de la banca comercial y, marginalmente, el 5.1% con la banca de desarrollo; en otras palabras, no existe un sistema de financiamiento a las empresas y al desarrollo y son las propias empresas las que financian a las empresas (financiamiento de proveedores, ver gráfica 6.5).

Gráfica 6.6
FINANCIAMIENTO DE LAS EMPRESAS

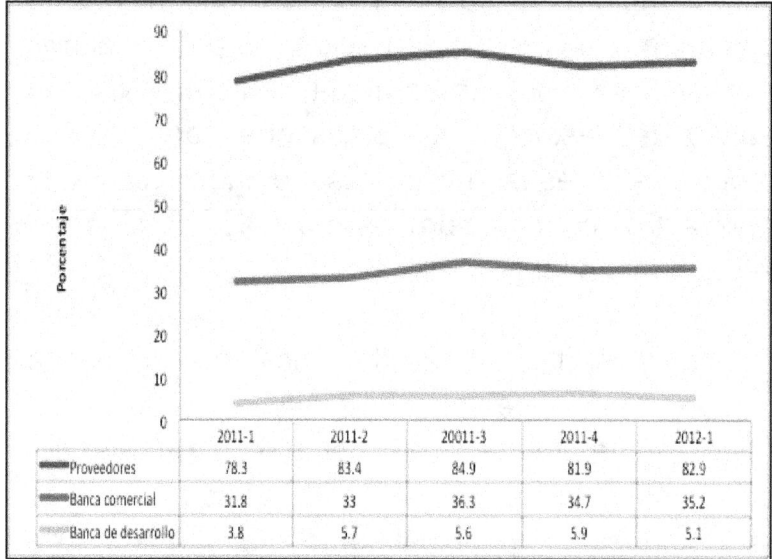

Fuente: Elaboración propia con datos de Banxico.

En este contexto, es fundamental eliminar el gran obstáculo que representa la falta de un sistema financiero moderno, tanto en la banca comercial como en la banca de desarrollo como condición *sine qua non* para poder impulsar el nuevo modelo de crecimiento competitivo y sostenido.

La paradoja del sector financiero en México

Con la privatización del sistema bancario en México en la década de los noventa y con la entrada de bancos extranjeros se suponía que se iba a incrementar la eficiencia del sector y se profundizaría la bancarización en el país. Hasta la fecha, ninguno de estos objetivos se ha cumplido, los niveles de bancarización son muy bajos -alrededor del 75 por ciento de la población no utiliza los servicios bancarios-, el crédito se ubica por debajo de los niveles observados en los noventa y la mayoría de las empresas no utilizan al sector bancario como fuente de financiamiento.

Si bien es cierto que en México están presenten instituciones bancarias de clase mundial, éstas operan en México con incentivos erróneos puesto que no se dedican a *la que debería ser la principal actividad de la banca que es la de canalizar los recursos de los ahorradores hacia la inversión productiva*. La banca en México obtiene grandes ganancias derivadas del cobro de comisiones y de los altos diferenciales entre las tasas de interés activas y pasivas; y sigue recibiendo intereses derivados del rescate bancario en México a través del Fobaproa, ahora IPAB.

Existe una paradoja en el sistema bancario mexicano debido a que los bancos a nivel microeconómico operan de manera muy eficiente y extraen grandes rentas a los usuarios de la banca a través de grandes comisiones y altas tasas de interés activas. Mientras que a nivel macroeconómico la penetración del crédito es muy baja y por lo tanto el sistema bancario tiene menor incidencia sobre el crecimiento económico.

En este contexto, la Secretaría de Hacienda y Crédito Público y las políticas del Banco de México tendrían que establecer las "señales de precios de mercado correctas" para que la banca comercial *"pueda ganar prestando"*, de otra manera el sistema continuaría siendo perverso porque es altamente rentable (a nivel microeconómico) sin prestar (ineficiencia macroeconómica). En otras palabras, es importante dar las señales adecuadas al mercado financiero para que la rentabilidad privada vaya de acuerdo con la rentabilidad social.

Después de la crisis 2008-2009, se ha entendido (incluso el G-20) que es necesario regular la banca, como en Estados Unidos. En otras palabras, la filosofía del mercado libre auto-regulado que no requiere la intervención del gobierno fue uno de los dogmas que murió con la crisis financiera global. Ahora, el desafío es encontrar un esquema adecuado de innovación, eficiencia y cuyo objetivo primordial sea transformar el ahorro en inversión productiva.

La banca de desarrollo

La banca de desarrollo en México enfrenta un proceso de desmantelamiento puesto que las funciones del banco que debería otorgar crédito a las empresas exportadoras, Bancomext fueron transferidas, mediante un decreto presidencial, a

El Modelo Económico del Cambio

un fideicomiso llamado ProMéxico y Nacional Financiera se dedica principalmente a dar liquidez a empresas mediante el pago anticipado de facturas (factoraje).

Nacional Financiera, en el pasado contribuyó a la creación de una serie de industrias básicas que permitió al país industrializarse, en esta nueva etapa y bajo la estrategia de industrialización debe adecuar sus funciones para jugar un papel más activo en el financiamiento al crecimiento, pues en conjunto, la banca de desarrollo acumula créditos otorgados que equivalen sólo al 3 por ciento del PIB.

Para el financiamiento de las micro y pequeñas empresas (MiPyMEs) que representan el 95 por ciento de las empresas en México, la Secretaría de Economía (SE) creó el Sistema Nacional de Garantías que cuenta con más de veinticinco productos diferentes a través de la Banca en donde la SE funciona como garantía de los créditos a las empresas que normalmente no serían sujetas de crédito debido a que carecen de estructura administrativa, tienen garantías limitadas, no cuentan con información financiera ni con historial crediticio y además requieren montos pequeños de crédito por lo que no resultan clientes atractivos para la banca privada, lo cual a todas luces resultó insuficiente. Este mecanismo del

Sistema Nacional de Garantías podría impulsarse también a través de la banca de desarrollo.

La controversia entre banca de primer piso y banca de segundo piso, surge con fuerza a principios de los años noventa, cuando en muchos países se tomó la decisión que los bancos de desarrollo de propiedad pública, debían cerrar sus ventanillas y cambiar de clientes, del empresario solicitante último del crédito, a los intermediarios financieros para que ellos hagan el trabajo de primer piso. Esta moda que dominó América Latina, se empezó a dejar de lado a inicios del nuevo milenio y muchos de los bancos convertidos a bancos de segundo piso, están regresando a desarrollar funciones de primer piso. En este contexto, México podría aprovechar la amplia estructura de la banca comercial en el país para apoyar a las PyMEs y sólo en los grandes proyectos de inversión en infraestructura y proyectos estratégicos promover el financiamiento directamente con las empresas.

Es necesario reimpulsar el papel de la banca de desarrollo y reactivar su función estratégica relativa a la formulación de proyectos estratégicos y el respaldo e incentivación de programas industriales sectoriales, regionales y de comercio e inversiones internacionales como lo hace la banca de desarrollo de China, la India, Brasil o Corea del Sur. En este contexto es imperativo crear políticas y mecanismos, para inducir a las instituciones financieras a canalizar una parte significativa de sus recursos a la industria, la agricultura, el sector energético y la infraestructura, como lo hacen en estos países.

En México, instituciones como Bancomext o Nafinsa entre otras se han visto sumamente debilitadas, lo que trae como consecuencia la imposibilidad de desarrollar proyectos que serían detonantes para el desarrollo de México.

La propuesta en este sentido es la creación de un **Fondo para la capitalización y líneas de crédito para la banca de desarrollo.** Se crearía un fondo de inversión por 10,000 millones de dólares de las reservas internacionales, lo que representa solo el 6.4% de dichas reservas, que hoy ascienden a 156,000 millones de dólares. Asimismo, se propone que la Secretaría de Hacienda preste apoyo para solicitar líneas de crédito internacionales para NAFINSA.

Esto podría llevarse a cabo ya que no es la primera vez que se tomarían recursos de las reservas internacionales, pues en el actual gobierno de Felipe Calderón se utilizaron 10,000 millones de dólares para capitalizar al FMI, por lo cual no habría razón para pensar que no se puede capitalizar a nuestra banca de desarrollo.

Ahora es el momento de capitalizar y promover líneas de crédito de la banca de desarrollo para promover el crecimiento económico del país y la creación de empleos productivos que eleven el nivel de vida de los mexicanos y que disminuyan las brechas del desarrollo que el Modelo de Apertura Macroestabilizador creó.

Debido a la falta de financiamiento, el sector productivo tuvo que recurrir a sus propios recursos, a proveedores y a fuentes no bancarias nacionales y externas. Empresarios e industriales cerraron o se convirtieron en comerciantes a falta de financiamientos competitivos. La falta de una política selectiva del crédito como prevalece hoy en diversos países, no ha permitido que los bancos se ocupen de aspectos vitales para el desarrollo de la industria -como es el crédito para equipamiento y maquinaria- que les resulta menos rentable y más riesgoso que el crédito al consumo.

La caída de la banca de desarrollo en el financiamiento de las actividades productivas y en especial de nuevos proyectos públicos y privados de inversión se observa en la participación de su cartera en el PIB que descendió de 9.4% en 1997 al 4.8% en el año 2005. Asimismo, desde 2001 NAFINSA se concentró en el factoraje a proveedores de empresas comerciales y del Estado, para cubrir sus necesidades de capital de trabajo, lo que constituyó hasta 2007 más del 60%

de su cartera total. A pesar de que la banca de desarrollo, repuntó en 2008-2009 por la crisis y la necesidad de rescatar o aliviar la carga de algunas empresas con problemas, su papel sigue siendo insuficiente, marginal y coyuntural

Lo anterior implica dotar a la banca de desarrollo de recursos y funciones apropiadas al nuevo contexto global, así como fortalecer su capacidad técnica y de formulación de proyectos de infraestructura, inversión productiva; innovación y desarrollo (I-D), energía y medio ambiente. Ello requiere que la banca comercial y de desarrollo más que competir entre ellas se complementen, creando así un sistema de financiamiento al desarrollo eficaz y competitivo.

Impulso a la infraestructura: Las alianzas público-privadas para proyectos de financiamiento- inversión estratégicos

La creación de la Comisión de Inversión y Financiamiento es fundamental para el diseño y planeación de proyectos de inversión en sectores estratégicos. Esto se debe a que el diseño, evaluación y gestión de los proyectos estratégicos es indispensable para llevarlos a término, sin estos elementos se está expuesto a que ocurra lo que en el presente sexenio en el que pese a que se tuvo una inversión récord, no pudo lograr sus metas ni dotar al país con la infraestructura necesaria para impulsar su crecimiento.

De acuerdo con datos de la Cámara Mexicana de la Industria de la Construcción (CMIC), el Programa Nacional de Infraestructura (PNI) tiene un avance de 75.7% y no se completará al término de la administración.

El PNI incluye obras carreteras, de ferrocarriles, puertos marítimos, aeropuertos, telecomunicaciones, agua potable, hidroagrícolas, de control de inundaciones, electricidad, hidrocarburos, refinación, gas y petroquímica.

La mayor inversión se ha concentrado en el sector energético, seguido por telecomunicaciones y carreteras y los sectores más rezagados del PNI al término del sexenio son ferrocarriles, con 1.3% de avance, y aeropuertos, con 5.4%.

En 2007 el PNI, planteaba como meta que en 2012 México se convirtiera en uno de los líderes de América Latina por la cobertura y calidad de su infraestructura. Sin embargo, -según el Índice de Competitividad del Foro Económico Mundial- actualmente el país se ubica en el lugar 66 en materia de infraestructura, superado por países latinoamericanos como Barbados, Panamá, Chile, Uruguay y El Salvador. En este contexto es importante impulsar los nuevos esquemas de alianzas público-privadas para la ejecución de las inversiones en proyectos prioritarios.

La asociación público-privada (APP) es un concepto que engloba una diversidad de esquemas de inversión donde participan los sectores público y privado, desde las concesiones que se otorgan a particulares hasta los proyectos de infraestructura productiva de largo plazo. Los PPS son un esquema particular más de APP:

- **Proyectos para la Prestación de Servicios (PPS):** Bajo este esquema no se utilizan recursos presupuestales para la construcción sino hasta la prestación del servicio y existe una adecuada distribución de riesgos.

- **Co-inversiones:** Bajo esta modalidad de asociación el gobierno puede aportar títulos de explotación y usufructo y el privado aporta los recursos financieros para la realización del proyecto.

- **Actuación por Cooperación:** Convenio de intercambio de activos del gobierno por obras y proyectos del sector privado.

- **Concesiones:** Es la administración por un tiempo determinado de los bienes públicos mediante el uso, aprovechamiento o explotación de los mismos.

Bajo este nuevo esquema de asociaciones público-privadas que se inició en Inglaterra, en México se han desarrollado diversos proyectos de infraestructura productiva de largo plazo, en el sector de energía, así como concesiones en las áreas de carreteras, de agua y diversos contratos de suministro de bienes y servicios.

Dichos esquemas permiten el desarrollo de infraestructura provista total o parcialmente por el sector privado para la prestación de servicios al sector público o al usuario final. Esto incrementaría el bienestar social mediante proyectos de inversión productiva, de investigación aplicada o de innovación tecnológica. Aquí, sería fundamental disponer de un marco legal claro y preciso para generar la confianza de los actores que participan en dicho proceso. En esta perspectiva, México avanza, pues recientemente se publicó en el Diario Oficial (16 de enero 2012) la Ley de Asociaciones Público-Privadas que establece las reglas del juego en este tipo de asociaciones. Este enfoque es importante porque complementa el financiamiento para la infraestructura y provisión de los bienes públicos, pues como decía el Ex - Gobernador de Nueva York, Andrew Cuomo "*el*

El Modelo Económico del Cambio

gobierno tiene la obligación de garantizar que le lleguen los servicios públicos a los ciudadanos pero no necesariamente proveerlos directamente",

PILAR 7

EL REENCUENTRO DE UN NUEVO ESTADO IFAT CON UN MERCADO INSTITUCIONAL Y SOCIEDAD PARTICIPATIVA

La realidad histórica está mostrando, además de las fallas y limitaciones de las políticas neoliberales y del "credo" del mercado libre y autoregulado, como éstas también se presentan en los países industrializados (Estado Unidos y la Eurozona), pues la crisis financiera económica global ha implicado una intervención mayor del Estado para rescatar a la economía y evitar caer en una depresión o recesión prolongada.

El desafío ahora es diferenciar que el nuevo rol del Estado y del mercado determinan la naturaleza del sistema económico; éste se define por quién posee los medios de producción y el mecanismo que soluciona las tres preguntas básicas que debe atender todo sistema económico: ¿qué, cómo y para quién producir? Así, en un sistema capitalista la propiedad de los medios de producción es privada y en un sistema socialista puro es del Estado. Lo que en realidad hemos tenido son sistemas capitalistas de economía mixta y diferentes grados de propiedad tanto de empresas públicas como de servicios que maneja el Estado y/o concesiona al sector privado.

Por otra parte, en el sistema capitalista es el mecanismo de mercado el que resuelve el ¿qué, cómo y para quién producir? mientras que en el socialista es el mecanismo de la planificación central del Estado. Aquí la realidad histórica y la globalización de los mercados han mostrado que éste, el mercado, es la *"cancha del juego"* y es el mejor mecanismo, a pesar de sus imperfecciones, para la asignación de recursos. Y el socialismo de planificación central ha fracasado históricamente como sistema económico. Lo que está en discusión es la redefinición de los roles del Estado, el mercado y la sociedad en el capitalismo post-crisis. Por ello hablamos de *"El Reencuentro del Estado Reformado con el Mercado Institucional y la Sociedad Participativa."*[41]

Así como es importante reconocer que el mercado es el mejor método para la asignación de recursos, no lo es para garantizar un crecimiento sostenido y pleno y evitar los ciclos económicos (de auge y recesión) y tampoco lo es para distribuir el ingreso; por ello requerimos que la mano invisible del

---

[41] Para una explicación más amplia ver mi libro "El Reencuentro del Mercado Institucional con el Estado Reformado y la Sociedad Participativa", amazon.com René Villarreal, 2010.

El Modelo Económico del Cambio

mercado sea acompañada de la mano promotora del Estado y de la mano solidaria de la sociedad.

Es en esta perspectiva que hay que encontrar el balance adecuado que lleva a reconocer las fallas y límites del mercado pero también del Estado, pues los excesos en los que cayó en los años 70 del siglo pasado con el Estado patrimonialista y omnipresente, también manifiesta que debe haber un balance y reconocer tanto las fallas del mercado como los excesos del Estado. Aquí, habría que evitar las visiones dogmáticas tanto estatistas como neoliberales.

El gran "pecado" de los ideólogos neoliberales es haber sobrevendido el rol del mercado, pues mientras que es el método más eficaz y eficiente para la asignación de recursos en la economía no lo es para redistribuir el ingreso, ni para evitar los ciclos recesivos de la economía. Por otra parte, el mercado no es democrático ni participativo pues en el mercado solo "vota" quien tiene demanda efectiva; esto es, quien tiene ingreso y por lo tanto un empleo productivo y salario remunerativo. Aquí por lo tanto es necesario el rol activo del Estado a través de políticas públicas para promover el crecimiento (la mano promotora) y del rol de una sociedad más participativa para promover la equidad distributiva (la mano solidaria).

Construir un nuevo paradigma para el modelo de desarrollo de México requiere de consolidar un

Sistema Económico que sea de Mercado Institucional y Participativo, que implique un reencuentro de un Estado reformado y eficaz, con el mercado y elimine el falso dilema de Estado vs. Mercado. En primer lugar, habrá que reconocer que el mercado libre y autoregulado tiene fallas y limitaciones y que el mercado en sí es una institución, no un simple mecanismo de demanda y oferta, como plantea la perspectiva neoclásica. Los tres elementos que integran un mercado institucional son: que existan reglas del juego claras y leyes que lo enmarcan; jugadores e instituciones transparentes y un mecanismo de vigilancia que observe el cumplimiento de las reglas del juego.

Así, los mercados financiero, laboral y aún los tratados de libre comercio no son mecanismos *"laissez faire, laissez passer"*, "dejar hacer, dejar pasar" sino que cuentan con un marco institucional, leyes y reglas del juego y un sistema de vigilancia que hace cumplir las reglas (como es evidente hoy día en el mercado financiero), por lo tanto debemos cambiar el enfoque del mercado libre autoregulado por el de mercado institucional (ver figura 6.8).

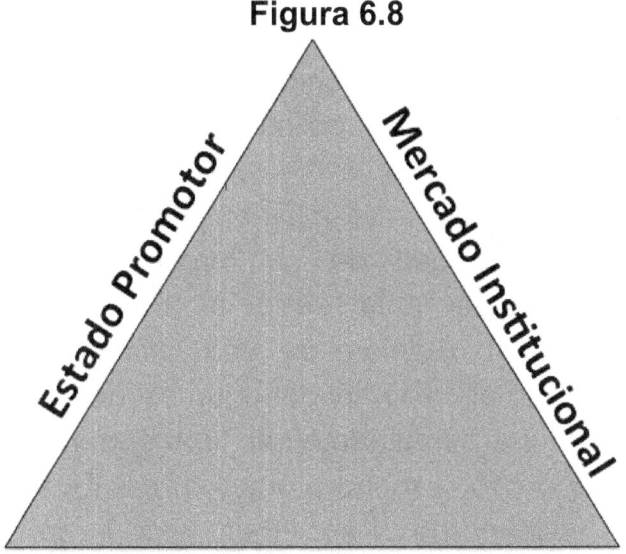

Figura 6.8

Estado Promotor · Mercado Institucional · **Sociedad Participativa**

Reconocer las fallas y límites del mercado no es suficiente si no se evitan los excesos del Estado, para ello es necesario promover que sea eficaz (efectivo) y eficiente, esto es, debe tener varios atributos, IFAT: Inteligente, Flexible, Ágil y Transparente. Demos buscar no solo el redimensionamiento del Estado sino su revitalización y reformarlo en sus tres dimensiones: como agente económico, como garante del proceso democrático y como proveedor de bienes y servicios públicos para enfrentar los nuevos problemas de la hipercompetencia global. La mano promotora del Estado debe fortalecer las señales de precios con políticas de mercado y debe satisfacer las demandas sociales en coordinación con la sociedad para disminuir los costos y presiones sociales y, por último, garantizar que se conviva en un ambiente democrático con respeto a los derechos y garantías individuales.

Pero también surge, ante la experiencia del mundo actual, la necesidad de un tercer actor que mantenga el equilibrio entre el Estado y el mercado y esto requiere de una sociedad más participativa. Por lo tanto deberíamos desarrollar un sistema que permita integrar "la mano invisible del mercado con la mano promotora del Estado y la mano solidaria de la sociedad"; esto es lo que integraría un nuevo sistema económico de economía de mercado institucional y participativo.

La mano solidaria de la sociedad se requiere para promover la equidad distributiva y del bienestar social, principalmente a través de las empresas como entes sociales que apoyen el desarrollo de sus trabajadores. En las nuevas democracias, ni el gobierno ni el mercado, garantizan el equilibrio *per se*. Se requiere de un tercer actor que los guíe y equilibre con pesos y contrapesos dentro del propio sistema institucional. Esos balances tienen que venir de una sociedad civil cada vez más participativa y consciente, con mayor conocimiento y preparación para integrarse en el cambiante mundo moderno.

El Modelo Económico del Cambio

En síntesis, debemos encaminarnos hacia un Nuevo Sistema de Economía de Mercado Institucional y Participativo donde se reconozca que el mercado es el mejor método y el más eficiente para la asignación de recursos, pero que no garantiza una distribución del ingreso equitativa ni un crecimiento económico sostenido, ni evita los ciclos económicos de auge y depresión y que por lo tanto se requiere de un Estado promotor del crecimiento y finalmente de una sociedad más participativa que coadyuve al equilibrio entre ellos y a promover la equidad distributiva.

Un gobierno eficaz (que alcance los objetivos) y eficiente (que lo logre con el menor sacrificio de recursos) debe redefinir sus funciones como agente económico en esta economía global en tres campos (ver figura 6.9):

- Planificador y promotor de políticas públicas.
- Administrador de servicios públicos.
- Regulador de la actividad económica.

Para que el Estado desarrolle plenamente estas funciones es necesario que tenga los siguientes atributos IFAT: Inteligente en su organización para innovar los nuevos programas que demanda una sociedad moderna, así como una gestión de gobierno más efectiva para su implementación; Flexibilidad operativa para poder adaptarse a las diversas circunstancias de una economía en auge, recesión y en crisis así como Agilidad de respuesta al cambio y Transparencia en el uso de recursos públicos.

Figura 6.9
GOBIERNO COMPETITIVO IFAT

La Economía de Mercado Institucional y Participativa

Para desarrollar una economía participativa es necesario eliminar el falso dilema Estado versus mercado, ya que aunque el mercado es el mecanismo más eficiente para la asignación de recursos, no lo es para redistribuir el ingreso ni para evitar los ciclos recesivos. Decimos que el mercado es miope, ya que no tiene visión de largo plazo y que no es democrático, porque solo "vota" quien tiene demanda efectiva.

Pero así como la realidad histórica (y la crisis del 2008-2009) ha mostrado que el mercado libre autoregulado no funciona por sí solo, también lo ha hecho con una economía estatizada, llena de excesos. Lo que se requiere es un Estado activo promotor del desarrollo y articulador con la sociedad.

Así, el desafío es construir una economía de mercado participativa en donde se reconoce que la única cancha de juego a nivel global y nacional es el mercado, pero que reconoce sus fallas al igual que los excesos del Estado. Ante la experiencia del mundo actual, surge la necesidad de un tercer actor que mantenga el equilibrio; esto es una sociedad más participativa. Por ello, la sociedad civil requiere una mayor participación a través de la mano solidaria, que permita mantener el equilibrio entre el Estado y el mercado y evitar los ciclos del péndulo como lo hemos visto en las últimas décadas.

Se requiere de una Economía Participativa: mercado, Estado y sociedad, que permita integrar "la mano invisible del mercado con la mano promotora del Estado y la mano solidaria de la sociedad" (ver figura 6.10).

Figura 6.10
ECONOMÍA DE MERCADO INSTITUCIONAL Y PARTICIPATIVA

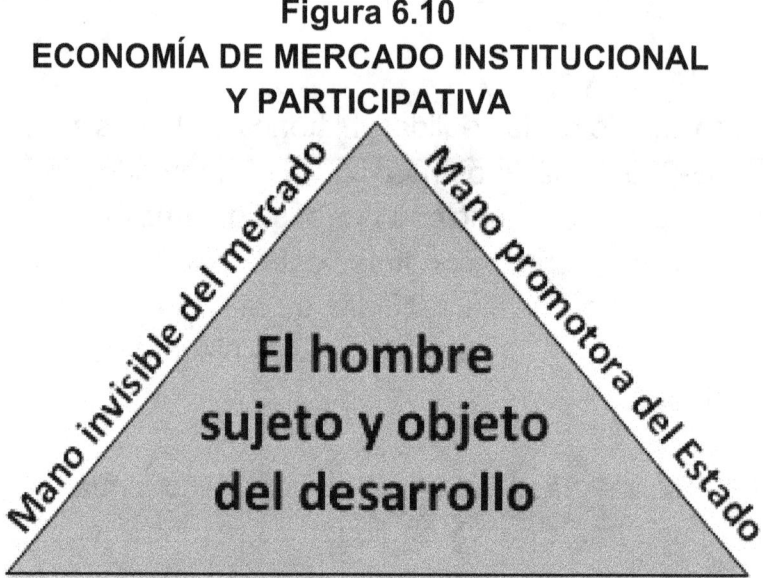

El Modelo Económico del Cambio

PILAR 8

LA NUEVA ESTRATEGIA DE INSERCIÓN A LA ECONOMÍA GLOBAL: EL TLCAN II Y MÉXICO COMO UN NUEVO BRICS

Hacia El TLCAN II: De La Integración Comercial a La Integración Productiva

El Tratado de Libre Comercio de América del Norte (TLCAN) se agotó como estrategia de integración regional, ya que en conjunto los tres países perdieron liderazgo y posicionamiento en el mercado mundial (ver Capítulo I). Asimismo, en el país dejó de ser motor de comercio, inversión y crecimiento.

Lo anterior se debe a que el Libre Comercio no es una estrategia de desarrollo. Esto es, no es una estrategia que promueva un crecimiento competitivo y sostenido y que permita transformar las ventajas comparativas reveladas en ventajas competitivas sustentables promoviendo un proceso de exportación e industrialización sustentable y adicionalmente con escalamiento en la cadena global de valor. Para lograrlo, se requiere en paralelo una estrategia de desarrollo que hoy en las nuevas economías abiertas a la globalización es una estrategia de competitividad sistémica y una política de competitividad industrial y de los sectores productivos de empresas. Esto es, toda una estrategia y política de competitividad que eleve las capacidades competitivas en cada uno de los niveles y capitales.

Esto sólo puede alcanzarse si la economía es competitiva, esta es la gran diferencia con el viejo modelo de industrialización sustitutivo de importaciones, antes se podía crecer sin ser competitivo (vía el proteccionismo), hoy en las economías abiertas a la globalización no se puede crecer si no hay competitividad sistémica empresas-clúster-gobierno-país.

Los resultados para México, producto de su pertenencia al TLCAN, no son nada alentadores. El modelo exportador tuvo una baja capacidad de arrastre para el resto de la economía nacional, las exportaciones tuvieron un periodo de crecimiento importante pero actualmente están creciendo a tasas menores a las registradas en la década de los noventa debido a la ineficacia de nuestra estrategia de apertura y de impulso a la exportación de manufacturas de ensamble con la maquila.

México ha carecido de una política de Competitividad Sistémica y los resultados son evidentes. No se contó con instituciones fuertes que sirvieran de soporte al TLCAN y esto, aunado

El Modelo Económico del Cambio

a la falta de un verdadero financiamiento al desarrollo de la región que permitiera el fortalecimiento de la infraestructura y la logística, impidieron que el TLCAN incidiera en mayor medida en el fortalecimiento de la competitividad de México. Es por todo esto que el desafío pasar del TLCAN I al TLCAN II de la integración comercial a la productiva vía clusters regionales.

Por todo esto, se requiere un cambio de visión con voluntad política y un programa verdadero de integración regional, que cuente con la voluntad política de los tres gobiernos para alcanzarla y con los mecanismos institucionales para fortalecerla. No hay que pensar en el TLCAN como algo estático sino como un acuerdo dinámico que evoluciona en el marco de las nuevas políticas internas de los tres países para insertarse de manera exitosa en la Tercera Revolución Industrial (ver políticas de Obama en Capítulo V).

La cooperación entre México, Estados Unidos y Canadá es fundamental para mejorar la competitividad de la región, aprovechando la proximidad y el grado de integración de los mercados, así como el alto volumen de comercio entre los países, pero se debe ir más allá de la liberalización arancelaria para buscar una verdadera integración productiva que permitirá generar ventajas competitivas a través de la complementación productiva y la especialización de cada uno de los sectores a través de clusters regionales y acuerdos para el desarrollo de infraestructura en el contexto de la integración regional.

Infraestructura y logística en el marco del TLCAN

La infraestructura es conocida generalmente como los elementos estructurales que soportan toda una ciudad o región. Dentro de las definiciones utilizadas, la del Banco Mundial (BM) se acopla más a su significado económico:

> *"Instalaciones y servicios en una economía que facilitan el flujo de bienes y servicios entre consumidores y productores. Son ejemplos las telecomunicaciones (teléfono, cable y radio) y transporte (carreteras, vías férreas, puertos y aeropuertos), sistemas de agua y alcantarillado, petróleo y gas natural, generación y transmisión de electricidad. Estas instalaciones pueden considerarse como un pre-requisito para el crecimiento económico en una economía y a menudo involucran elementos de monopolio[42]".*

---

[42] Citado en mi libro "TLCAN II la competitividad regional de la integración comercial a la integración productiva" en amazon.com.

El Modelo Económico del Cambio

En este sentido, dotar a la región de América del Norte de infraestructura adecuada para fomentar la integración productiva, debería ser una prioridad. La Coalición del Súper Corredor de Norteamérica[43] (NASCO, por sus siglas en inglés) es una organización que promueve la unión comercial entre México, Estados Unidos y Canadá; es el brazo logístico del TLCAN e integra empresas transportistas, de logística, puertos interiores y aduanas.

Su objetivo colectivo es maximizar los movimientos eficientes y seguros de bienes a través de las infraestructuras existentes de autopistas y trenes, en tanto que perfila estrategias para la inversión y el mejoramiento. Asimismo, se enfoca en innovaciones tecnológicas, de seguridad e iniciativas ambientales, además de ser una interfaz entre múltiples intereses gubernamentales. El soporte de este objetivo está en las mejoras operacionales, sistemas de comunicaciones y transporte, mejoría de la calidad del capital humano, facilitación del comercio y creación de capacidades, creación de alianzas del sector público y privado, fortalecimiento de la seguridad a través de la innovación tecnológica y la coordinación aduanera.

---

[43] Para mayor información consultar su página www.nascocorridor.com.

Para lograr sus objetivos, cada año la Conferencia NASCO reúne a representantes de gobierno y negocios para deliberar la forma de capitalizar el potencial de la conectividad terrestre de cada país. También, se tratan temas emergentes que afectan el comercio y el transporte internacional, las perspectivas innovadoras e informativas para afrontarlos y proactivar el Corredor Norteamericano del Transporte Internacional, que incluye extensas vías carreteras conectivas, ferrocarriles y terminales inter-modales, aeropuertos, puertos de tierra adentro, y puertos de mar, todas ellas alternativas estratégicas para el flujo del comercio de Norteamérica.

Este súper corredor logístico, se extiende a lo largo de México, pasando por Guadalajara, Saltillo, Coah., Monterrey, NL., vinculándose con los puertos de Lázaro Cárdenas, Mich. y Manzanillo, Col., Laredo, San Antonio, Alliance (Texas), Kansas City, hasta terminar en Winnipeg, Canadá (ver mapa 6.1) y promueve la unión comercial entre los países del TLCAN, creando un mayor flujo de bienes y servicios a lo largo de esta región.

El Modelo Económico del Cambio

Mapa 6.1
CORREDOR LOGÍSTICO NASCO

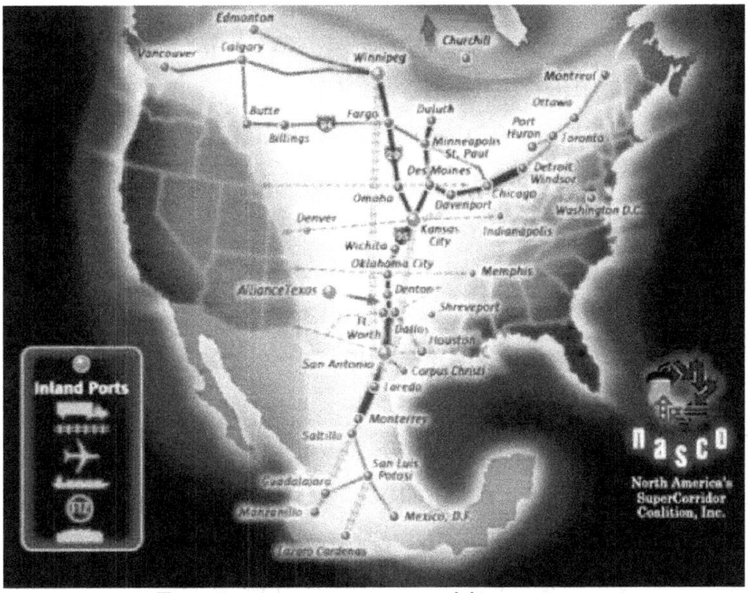

Fuente: www.nascocorridor.com

Este corredor logístico permite generar las posibilidades de adquisición de diversas formas y estilos comerciales globales, desarrollo de puertos secos y recintos fiscales, facilitación del comercio y creación de capacidades, alianzas del sector público y privado, fortalecimiento de la seguridad a través de la innovación tecnológica y la coordinación aduanera, entre otros.

Finalmente, cabe destacar que NASCO también está expandiendo su propuesta de valor al asumir un enfoque innovador en cuanto a iniciativas de seguridad, medio ambiente y evaluación de riesgos.

El financiamiento a la infraestructura regional: El BDAN o NAFTA Bank

Una de las limitaciones más importantes del TLCAN I fue que no contó con un esquema efectivo de financiamiento para el desarrollo regional y no solo fronterizo. No obstante, se logró crear el llamado Banco de Desarrollo de América del Norte[44] (BDAN o NAFTA Bank, en inglés) que ha contado con recursos limitados y está enfocado a proyectos prioritarios en la zona fronteriza.

Recientemente México y Estados Unidos aprobaron una inversión de 180 millones de dólares para seis proyectos de infraestructura urbana y ambiental a desarrollar en la frontera común. Entre éstos destacan un proyecto integral de pavimentación para mejorar la movilidad urbana en Ciudad Juárez, por su parte en Nuevo Laredo, Tamaulipas, se realizarán obras relacionadas con los sistemas de agua potable, alcantarillado y saneamiento, drenaje pluvial, pavimentación de calles y otras mejoras viales.

En esta perspectiva, el TLCAN II debería tener esquemas de cooperación financiera más amplios y efectivos para apoyar la infraestructura logística

---

[44] En 17 años, el BDAN ha otorgado financiamientos por más de 1,415 millones de dólares en créditos y recursos no reembolsables en apoyo a 155 de estos proyectos fronterizos.

tanto en el transporte como telecomunicaciones y en el enfoque de clusters regionales, como seria el automotriz. Aquí es fundamental entender el nuevo enfoque de la integración productiva del TLCAN II.

Es necesario avanzar de la integración comercial a la integración productiva, a través de una nueva visión que nos permita ir más allá de la apertura, liberalización del comercio y la inversión, no obstante, en la actualidad se reconocen múltiples obstáculos para la consolidación de la integración productiva -diferencias de escala productiva, asimetrías en el desarrollo tecnológico, dificultades en el financiamiento, diferencias impositivas, trabas fronterizas, entre otros-.

La idea es que los países de América del Norte complementen su oferta productiva, lo que les permitirá como región aumentar su frontera de posibilidades de producción. La propuesta es colaborar para el desarrollo de clusters y sectores estratégicos como son: infraestructura, telecomunicaciones, logística y clusters regionales como el automotriz, entre otros; además de contar con sistemas de financiamiento de la región.

Este proceso será positivo para el desarrollo de las pequeñas y medianas empresas, para consolidar el mercado regional, para fomentar el desarrollo de cadenas de valor que aumentará el valor agregado regional en las exportaciones, así como para disminuir las asimetrías que existen para lograr la integración regional.

En síntesis, se requiere avanzar hacia una nueva estrategia, un TLCAN II que pase de la integración comercial a la integración productiva con competitividad sistémica, haciendo énfasis en los aspectos de integración en infraestructura, logística, en clusters regionales y en sistemas de financiamiento de la región.

Este es un momento clave para avanzar en esta dirección, debido a los problemas que está enfrentando China para mantener la competitividad tanto por el aumento en el costo de la mano de obra como por el aumento en el precio de los energéticos.

La competitividad logística: el Interpuerto Monterrey en México

En el Siglo XXI, las plataformas logísticas han tomado gran importancia como motores de la logística y la cadena productiva mundial. Plataformas como las de Dallas o Chicago en Estados Unidos y Shangai en China han permitido a estos países una mejor inserción a la economía global.

El Modelo Económico del Cambio

Como caso mexicano, el Estado de Nuevo León representa un interesante concepto de plataforma logística transfronteriza. A diferencia de estados como San Luis Potosí o Guanajuato, la cercanía de Nuevo León con el mayor consumidor mundial es una gran oportunidad para aprovechar la ubicación geográfica y la concentración de clusters en el estado, que dan, junto con otros factores productivos, una gran ventaja regional y nacional.

El proyecto de Interpuerto Monterrey surge a inicios del Siglo XXI como un planteamiento integral que impulsaría la capacidad logística de la región y le daría mayor viabilidad al flujo de mercancías a través del Estado de Nuevo León, además de las mercancías con origen y destino en el mismo estado, hermanándolos con su similar en Dallas Texas.

Los elementos que se incorporan en Interpuerto Monterrey son los siguientes:
- Parque industrial con una Zona de Libre Comercio.
- Parque logístico ferroviario con una Terminal intermodal (con dos opciones concesionadas).
- *Hub* logístico multimodal, que incorpora aduanas y seguridad *in situ.*
- Redes de transporte de última generación, aprovechando la capacidad carretera-ferroviaria con corredores inteligentes y seguros.

- Comercio digital y red de transporte, utilizando la nueva generación de banda ancha y las Tecnologías de Información y Comunicaciones (TICs).

México como un nuevo BRICS

A medida que la segunda década del siglo XXI se desarrolla y debido en parte a las consecuencias de la crisis financiera 2008-2009, importantes cambios están en marcha en la economía global. La creciente influencia de los mercados emergentes está facilitando el camino para una economía global con un carácter cada vez más multipolar. Es decir, la distribución del crecimiento mundial se hará más difusa, sin ningún país dominando la escena económica mundial. El aumento de la difusión del crecimiento global y el poder económico plantea el imperativo de la gestión colectiva como el mecanismo más viable para abordar los desafíos de una economía global multipolar.

En el desarrollo del entorno económico mundial, en el que una serie de economías emergentes dinámicas están evolucionando para ocupar su lugar en el timón de la economía global, la gestión de la multipolaridad exige una reevaluación de los tres pilares del enfoque convencional de la

El Modelo Económico del Cambio

gobernanza económica global: el vínculo entre la concentración del poder económico y la estabilidad; el eje Norte-Sur de los flujos de capital y la centralidad del dólar de EE.UU. en el sistema monetario global. Esa reevaluación ofrece muchos elementos para promover el debate y el discurso sobre el curso futuro de la política de desarrollo internacional.

En este contexto, en las próximas décadas veremos que el crecimiento económico global se creará cada vez más en las economías emergentes y para 2025, el crecimiento económico global se generará predominantemente en estas economías. El cambiante papel de los países en desarrollo vendrá con grandes transformaciones en sus economías, el sector empresarial y los sistemas financieros. El escenario considerado por el Banco Mundial en el GDH 2011, prevé un crecimiento medio en los próximos 15 años (sustancialmente más bajo que los máximos de 2010), donde las economías emergentes seguirán, en conjunto, expandiéndose a un promedio de 4.7 por ciento al año (más del doble de la tasa del mundo desarrollado 2.3 por ciento) entre 2011 y 2025.

Así, para 2025 las seis economías emergentes más importantes: Brasil, Rusia, India, Indonesia, China y Corea (BRIIKC, por sus siglas en inglés), representarán en conjunto más de la mitad de todo el crecimiento mundial y se convertirán en los principales motores del crecimiento junto con las economías avanzadas. La nueva economía global, en la que los centros de crecimiento se distribuyen en las economías desarrolladas y emergentes, es lo que llamamos un mundo con una economía multipolar, donde México debe buscar el lugar que le corresponde de acuerdo a su tamaño y potencial.

Por todo esto es indispensable que México cambie su estrategia pasiva de inclusión a la hipercompetencia global y realice no sólo una transición a un TLCAN II sino que a través de un modelo de crecimiento incluyente y sostenido pueda formar parte de este nuevo grupo de países impulsores del crecimiento global, los nuevos BRIIKC.

El Modelo Económico del Cambio

PILAR 9

LA ECONOMÍA POLÍTICA DEL CRECIMIENTO: INSTITUCIONES POLÍTICAS Y ECONÓMICAS INCLUYENTES

Para México se perfila en el horizonte una nueva cita con la historia, que confluye ante un solo sentimiento: su crecimiento. En los contextos internacional, nacional y regional, el país tiene ante sí la oportunidad de enfrentar los retos con soluciones integrales, producto de decisiones que miren al futuro. Los problemas inmediatos son sólo una manifestación parcial de las verdaderas dificultades, una advertencia de lo que espera a todos los mexicanos en caso de no actuar hoy pensando en el mañana.

El crecimiento económico condiciona el bienestar de los miembros de cualquier sociedad moderna. La expansión de las actividades económicas significa la generación de riqueza y ofrece la posibilidad de que quienes tienen un empleo lo conserven, que quienes lo buscan, lo encuentren, y que, de este modo, las familias cuenten con un ingreso real suficiente para adquirir los bienes y servicios que satisfacen sus necesidades y aspiraciones y poder ahorrar para su retiro laboral.

El papel del Gobierno en este campo es doble. Por una parte, debe crear las condiciones necesarias para acrecentar la competitividad y acelerar el ritmo de crecimiento económico. Por otra, debe ser un activo promotor de la actividad económica apoyando la productividad de las empresas como condición indispensable para fortalecer la integración de las cadenas productivas del mercado interno, pero un nuevo Estado eficaz, eficiente y transparente.

Daron Acemoglu y James Robinson en su libro *¿Por qué las Naciones Fracasan? Los Orígenes del Poder, la Prosperidad y la Pobreza*[45] plantean que se requiere comprometer a todos los actores de la sociedad y al Gobierno a ser partícipes activos en el proceso de transformación de cualquier país. La adopción de esta nueva cultura de compromiso compartido por el desarrollo integral de México requiere de una transformación sustancial de las instituciones políticas y económicas pasen de ser excluyentes y extractivas a ser incluyentes.

Las instituciones constituyen las bases sobre las cuales se edifica una sociedad al establecer el conjunto de reglas políticas y económicas

---

[45] ACEMOGLU, D. ROBINSON, J., *Why Nations Fail: The Origins of Power, Prosperity and Poverty.* EUA: MIT Press, 2011.

aplicadas por el Estado para regir el comportamiento de sus ciudadanos en conjunto.

En materia política, las instituciones incluyen, pero no se limitan a las constituciones escritas, el poder y la capacidad del Estado para regular y gobernar la sociedad así como la distribución del poder político en la sociedad. Las instituciones políticas cobran trascendencia al ser éstas las que determinan la capacidad de los ciudadanos para controlar la influencia de los políticos y cómo se comportan. Esto a su vez determina si los políticos actúan en beneficio de los ciudadanos o utilizan el poder que se les ha encomendado en beneficio de sus propias agendas. En materia económica, las instituciones influyen en el comportamiento de la sociedad a través de los incentivos que éstas generan. Proveen los medios para financiar actividades empresariales a través de los bancos y los mercados financieros lo que permite impulsar un crecimiento competitivo, y sostenido.

El Estado está inexorablemente entrelazado con el éxito de las instituciones al ser el ejecutor de la ley y el orden así como proveedor clave de servicios necesarios para su adecuado funcionamiento por lo que las instituciones están directamente ligadas a éste. Así, las *instituciones políticas y económicas*, que son en última instancia, la elección de la sociedad, pueden ser *incluyentes* y fomentar el crecimiento o pueden ser *extractivas* y convertirse en obstáculos para el progreso de un país.

Las instituciones incluyentes se caracterizan por ser participativas y pluralistas y pretenden mediante reglas utilizar el poder en beneficio de la sociedad. Cuando cualquiera de estas condiciones falla, las instituciones se convierten en extractivas y los beneficios se concentran en élites rentistas ya sea del poder político y/o económico. Como lo explican los autores Acemoglu y Robinson *"los países son ricos cuando cuentan con instituciones políticas y económicas incluyentes. Son pobres cuando permiten la extracción por encima de la representación; cuando apuntalan a élites rentistas por encima de ciudadanos participativos; cuando instalan sistemas oligárquicos por encima de sistemas plurales, abiertos, competitivos; cuando permiten la osificación de instituciones por encima de su adaptación... Por eso el letargo y la parálisis y la baja competitividad y la falta de innovación en México... Por eso la diferencia entre Nogales, Arizona, y Nogales, Sonora. Dos poblaciones en (un mismo espacio geográfico con el mismo clima) solo separadas por una frontera que define dos mitades. En Nogales, Arizona, los habitantes tienen acceso a instituciones que les permiten adquirir educación y habilidades, que promueven sus empleadores a invertir en la mejor tecnología, que lleva a mejores salarios para ellos. También tienen acceso a instituciones políticas que les permiten participar plenamente en los procesos democráticos, elegir a sus representantes y sancionarlos si abusan del poder o lo ejercen mal. En consecuencia, los funcionarios públicos proveen servicios básicos -salud pública, escuelas, caminos, leyes- que los ciudadanos demandan. Los habitantes de Nogales, Sonora, no son tan afortunados. Viven en mundos diferentes, creados por instituciones diferentes, con incentivos diferentes. Los nogalenses al norte de la frontera avanzan con instituciones creadas para incentivar la prosperidad y la innovación; los nogalenses al sur de ella padecen instituciones creadas para incentivar el statu quo y la extracción."*[46]

Finalmente, como lo expresa Denise Dresser *"Transformar la realidad recalcitrante de un capitalismo excluyente y una democracia incompleta requeriría cambios institucionales de gran envergadura (en México). Cambios que implicarían empoderar a la población y no sólo explotarla; … **crear un modelo económico enfocado al crecimiento económico acelerado** y no sólo perpetuar el que beneficia a unos cuantos. México está atorado por un patrón institucional antitético al crecimiento. Antitético a la inclusión."* [47]

---

[46] DRESSER, "Denise, Pájaro enjaulado", Periódico Reforma, 25 de junio de 2012.

[47] *Op. Cit.*

México está ante una coyuntura crítica (2012, que anuncia un cambio de gobierno en una economía global que continúa en crisis), que lo obliga a replantearse el *modus operandi* de sus instituciones, ya que las que se caracterizan por ser extractivas son un obstáculo para el cambio hacia un nuevo modelo de desarrollo. El país requiere que las instituciones políticas y económicas evolucionen y se conviertan en incluyentes, ya que estas cimientan las bases de un desarrollo político y económico sustentable.

En esta perspectiva es que las instituciones deben someterse a lo que el gran economista Joseph Schumpeter llamó "destrucción creativa". Este proceso en esencia implica sustituir lo viejo con lo nuevo con base en innovaciones que optimicen la dinámica tanto en la arena política como en el mercado económico. Corea del Sur, ejemplifica la transición de las instituciones extractivas hacia las instituciones inclusivas mediante la destrucción creativa, proceso que es un desafío para México, pues los grupos que se benefician del presente *status quo* frenan el cambio.

En la década de 1970, las instituciones políticas y económicas en Corea del Sur eran dominadas por una élite militar que marcaba las directrices de la agenda pública. El país se encontraba ante una coyuntura crítica la cual les obligaba a buscar una serie de cambios que les permitiera elevar sustancialmente la calidad de vida de los coreanos. Una década después, a partir de un *drift* institucional[48] existió una transformación total de las instituciones lo que condujo a la consolidación de una democracia pluralista y poder avanzar a una etapa superior de desarrollo basada en la mentefactura con grandes empresas nacionales *chaebols* en alianzas con las universidades y el propio gobierno (modelo de asociatividad de la triple hélice).

México al igual que Corea del Sur, en su momento histórico, presenta una serie de factores claves en una coyuntura crítica. *Las coyunturas críticas se presentan como puntos de inflexión históricos un país que experimenta y pueden ser el punto de partida para que sus instituciones cambien de ser extractivas a inclusivas.* Pero esto no es ni automático ni sencillo, pues requiere de un proyecto de cambio consensuado y compartido con los principales actores de la sociedad, que permitan transformar las instituciones extractivas en instituciones incluyentes en beneficio de toda la sociedad.

Es así que México debe poner en marcha el proceso de transición que le permita reemplazar las instituciones extractivas actuales por

---

[48] ACEMOGLU, D. ROBINSON, J., *Why Nations Fail: The Origins of Power, Prosperity and Poverty.* EUA: MIT Press, 2011.

instituciones incluyentes. El desarrollo de una democracia pluralista con capacidad de acción mediante un empoderamiento real de la sociedad constituye un elemento trascendental en la conformación de un entorno político impulsor del crecimiento sostenido. A la par, las instituciones económicas deben hacer cumplir los derechos de propiedad, crear un campo de juego nivelado, y fomentar las inversiones en sectores estratégicos de alto valor agregado. Sin duda, los incentivos creados por las instituciones serán las bases para edificar un país con un crecimiento sostenido, sustentable e incluyente. De ello, dependerá en gran medida el futuro de México.

PILAR 10

VISIÓN DE FUTURO Y PROYECTO DE NACIÓN: MÉXICO 2030

La experiencia histórica muestra que los países que han alcanzado un desarrollo sostenido y sustentable a largo plazo, son aquellos que logran tener una visión de futuro y un proyecto de nación compartido y consensuado con los diversos actores de la sociedad.

Es en este contexto, que realizar un cambio del modelo económico requiere consensuar la visión de futuro, concretar las acciones que aquí se han planteado en los 10 pilares del cambio y que deben contestar preguntas fundamentales para la población y la sociedad en su conjunto (ver figura 6.11).

Hacia un Nuevo Modelo Económico

Figura 6.11

Construir un nuevo **Proyecto de Nación con Visión de Futuro**, implica dos grandes retos; **el reto económico** que consiste en alcanzar un crecimiento pleno, competitivo y sustentable que permita un crecimiento sostenido anual del PIB del 6%. **El reto social** es alcanzar un desarrollo humano integral, pues el hombre debe ser el objeto y sujeto del desarrollo, por lo que el bienestar económico debe ir acompañado de la calidad de vida de la gente.

Instrumentar el Modelo Económico del Cambio implica tener una visión compartida y consensuada respecto a las respuestas a las cuatro preguntas

El Modelo Económico del Cambio

fundamentales que son: **¿cómo alcanzarlo?, ¿con quién?, ¿con qué? y ¿para quién?**

¿Cómo alcanzar el nuevo modelo económico? Esto implica, además de tener la visión de futuro, construir los 10 pilares del cambio que se han expuesto en el presente libro (Parte II), que permitan transitar del modelo actual de Apertura Macroestabilizador y Estado Minimalista al nuevo Modelo de Crecimiento Competitivo e Incluyente y Reindustrialización con un Estado eficaz.

¿Con quién construir el nuevo modelo económico y social? Debe ser participativo, con todos los actores empresarios trabajadores, ciudadanos y gobierno en donde se comparta la visión y la corresponsabilidad en la acción, pero finalmente es fundamental entender que el liderazgo tiene que recaer en los mexicanos pues la solución a los problemas no viene de afuera sino de una sociedad comprometida con el cambio.

¿Con qué se va a financiar? Fundamentalmente con el ahorro interno y de manera complementaria con el ahorro externo y la inversión extranjera directa (IED), pero implica desarrollar un proceso de crecimiento vía el "póquer de seises", esto es crecimiento del 6%, elevando el coeficiente ahorro-inversión y el tributario en seis puntos porcentuales y la inversión pública al 6% del PIB y promoviendo la estrategia de innovación (I+D+i) que permita elevar la productividad y hacer más con menos.

Finalmente, **¿para quién va dirigido el Nuevo Modelo Económico?** Tiene que ser bajo el nuevo enfoque de desarrollo incluyente; esto es, para todos los mexicanos. La locomotora del crecimiento no puede tener sustento social y finalmente político si "no sube al tren del desarrollo" a casi el 50% de la población mexicana que hoy día prácticamente se encuentra marginada de los beneficios del desarrollo.

"La esperanza -tan honda como una convicción- es que México saldrá de su crisis cuando los mexicanos decidan cambiar su realidad y tomar su destino en sus manos." [49]

---

[49] HURATDO, Guillermo, "México sin Sentido", p.12.

**Centro de Capital Intelectual y Competitividad
(CECIC)
Ciudad de México, 2012.
renevia@cecicmx.com**

BIBLIOGRAFÍA

ACEMOGLU, D. ROBINSON, J., *"Why Nations Fail: The Origins of Power, Prosperity and Poverty",* MIT Press, EUA, 2011.

AGUILAR Camín, Héctor, CASTAÑEDA, Jorge G. "Una Agenda para México", Punto de Lectura, Santillana Ediciones, México, 2011.

Banco de México, Informe Anual 2011".

Banco Mundial ,"Doing Business 2012".

Banco Interamericano de Desarrollo, "Crecimiento económico sustentable", Documento de estrategia, 2003.

Centro de Estudios Económicos del Sector Privado (CEESP), "Por una Reforma Integral de las Finanzas Públicas", Agosto 2009.

CONEVAL, "Informe de Evaluación de la Política Social en México", 2011.

Consultores Internacionales, "México. La Ruta del Progreso: Plan de Acción para una Política Industrial Flexible y Dinámica (2012-2030), México, Octubre 2011.

Corporación Latinobarómetro, Informe 2011.

DRESSER, Denise, "Pájaro enjaulado", Periódico Reforma, 25 de junio de 2012.

Foro Económico Mundial, "Reporte Global de Competitividad 2011-2012", 2011.

ELIZONDO, Everardo, "Un 'trilema´ de política económica", Periódico Reforma, 7 de junio de 2007.
FRIEDMAN, Benjamin, *"The Moral Consequences of Economic Growth"*, amazon.com, 2005.

Fundación Colosio, "El Futuro que Vemos", México, 2012.

GUTIÉRREZ, Esthela (Coordinadora), *"Cambiar México con Participación Social",* Siglo XXI Editores, Senado de la República, UANL, México, 2011.

HURATDO, Guillermo, "México sin Sentido", Siglo XXI editores, México, 2011.

JARDÓN. Eduardo, "Inversión de mexicanos en el exterior superior a la IED", El financiero, 27 de agosto de 2012.

LEDERMAN Daniel, "Lecciones del Tratado de libre Comercio de América del Norte para los países de América Latina y el Caribe", Banco Mundial, 2003.

OCAMPO, José Antonio, Ensayo presentado en el XII Foro de Biarritz: "La agenda del desarrollo después de la crisis financiera internacional", 2012.

OCDE-CEPAL, "Perspectivas Económicas de América Latina 2012. Transformación del Estado para el desarrollo", 2011.

PEÑA NIETO, Enrique, "México La Gran Esperanza: Un Estado Eficaz para una Democracia de Resultados", Grijalvo Mondadori, México, 2011.

PRESTOWITZ, Clyde, *"The case for Intelligent Industrial Policy"*, Stategy + Business, Buzz&Company, Issue 64, Autum 2011.

RODRIK, Dani, *"The Real Exchange Rate and Economic Growth: Theory and Evidence"*, Octubre de 2008.

SHARMA Ruchir, "Breakout Nations: In Pursuit of the Next Economic Miracles", Capítulo 5: Mexico´s Tycoon Economy, Amazon Kindle, 2012.

The Economist, "The Third Revolution of Industry", April 21, 2012.

VILLARREAL, René y VILLEDA, Ramiro, "El Secreto de China. Estrategia de Competitividad", Ediciones Ruz, México, 2006.

VILLARREAL, René, "México Competitivo 2020. Un Modelo de Competitividad Sistémica para el Desarrollo", Edit. Océano, México, 2002.

VILLARREAL, René y Tania, "IFA. La Empresa Competitiva Sustentable en la Era del Capital Intelectual", McGraw Hill, México, 2003.

VILLARREAL, René, "Construyendo una Ciudad Internacional del Conocimiento. El Caso de Monterrey", presentado para el IFKAD, Mattera, Italia, 2008.

VILLARREAL, René, "El Modelo de Apertura Macroestabilizador. La Trampa al Crecimiento y a la Competitividad", amazon.com, 2009.

VILLARREAL, René, "El Reencuentro del Mercado Institucional con el Estado Reformado y la Sociedad Participativa", amazon.com, 2010.

VILLARREAL, René, "TLCAN II. De la integración comercial a la integración productiva.", amazon.com, 2010.

www.ingramcontent.com/pod-product-compliance
Lightning Source LLC
Chambersburg PA
CBHW081234180526
45171CB00005B/419